AF607628

EL RESET DE LA ALEGRÍA

La información contenida en este libro se basa en las investigaciones y experiencias personales y profesionales de la autora y no debe utilizarse como sustituto de una consulta médica. Cualquier intento de diagnóstico o tratamiento deberá realizarse bajo la dirección de un profesional de la salud. La editorial no aboga por el uso de ningún protocolo de salud en particular, pero cree que la información contenida en este libro debe estar a disposición del público. La editorial y la autora no se hacen responsables de cualquier reacción adversa o consecuencia producidas como resultado de la puesta en práctica de las sugerencias, fórmulas o procedimientos expuestos en este libro. En caso de que el lector tenga alguna pregunta relacionada con la idoneidad de alguno de los procedimientos o tratamientos mencionados, tanto la autora como la editorial recomiendan encarecidamente consultar con un profesional de la salud.

Título original: THE JOY RESET: Six Ways Trauma Steals Happiness and How to Get It Back
Traducido del inglés por Antonio Luis Gómez Molero
Diseño de portada: Editorial Sirio, S.A.
Maquetación: Toñi F. Castellón

www.editorialsirio.com
sirio@editorialsirio.com

I.S.B.N.: 979-13-87974-12-1
Depósito Legal: MA-501-2026

Impreso en Imagraf Impresores, S. A.
c/ Nabucco, 14 D - Pol. Alameda
29006 - Málaga

Impreso en España

Puedes seguirnos en Facebook, X, YouTube e Instagram.

Dra. MaryCatherine McDonald

El reset de la alegría

Seis formas en que el trauma te roba la felicidad y estrategias para recuperarla

Escucha: la alegría viene en camino.
Sí, también para ti.

Índice

Tercera parte. La vergüenza por la alegría

Nota de la autora: Acerca de las historias de este libro

Las historias de clientes que aparecen en este libro son una composición. Para proteger la privacidad y seguridad de las personas con las que trabajo, he modificado cuidadosamente los nombres y cualquier otro detalle identificable. Ninguno de los ejemplos corresponde a un caso real en particular, sino que están inspirados en patrones frecuentes y experiencias reales que he observado a lo largo de los años. Mi intención es que estas historias reflejen con respeto lo vivido por quienes me han confiado sus procesos y que te sirvan a ti como punto de referencia, conexión y guía en tu propio camino.

Prólogo

Este libro es una invitación a reconectar con la alegría y la esperanza. Pero no con la clase de alegría y esperanza que probablemente estés pensando. No hablo de esa alegría ligera e ingenua que flota por ahí como un globo de colores pastel en el cumpleaños de un niño de tres años. Ni de esa alegría que minimiza tu dolor con frases como «¡Si la vida te da limones, haz limonada!» y que insiste en que cada momento tiene que brillar. Eso no es alegría. Es miedo disfrazado.

La verdadera alegría es intensa, real, sin filtros. Vive en el presente y es capaz de albergar emociones opuestas al mismo tiempo. Tiene la osadía de aparecer justo cuando te estás ahogando en la tristeza y pintar un arcoíris en el suelo, como diciendo: «Llora si lo necesitas, pero mira, ¡mira esto!». Puede darte un codazo en pleno funeral de tu padre y soltarte un chiste tan fuera de lugar y tan gracioso que no te queda otra que taparte la cara con el pañuelo para que nadie note que te estás partiendo de risa.

Tampoco me refiero a esa esperanza que ves en las publicaciones de Instagram y que cada mañana te recuerda que «atraes lo que proyectas». Ni a la que reposa sobre la encimera de la cocina con letra cursiva, asegurando que «siempre hay algo bueno detrás de cada nube». Eso no es esperanza. Es una mentira envuelta en una frase bonita.

La verdadera esperanza es dura. Tiene brillo, sí, pero uno que viene del coraje. Es terca, desafiante. Puede parecer que va perdiendo en el undécimo asalto, pero ni se inmuta. Se limpia la sangre de la cara; se pone de pie como puede, los oídos le zumban, pero sonríe desafiante, y vuelve a levantar los puños.

La alegría y la esperanza son como hermanas gemelas, y no están aquí para adornar nada. Aparecen en los momentos más oscuros, incluso cuando no las estás buscando. No solo saben moverse en la oscuridad: vienen de ahí. Y es justo ahí donde encuentran su luz.

La alegría te sostiene en el presente. La esperanza te ayuda a mirar hacia delante.

¿Recuerdas cuando aprendiste cómo se forman las estalactitas y las estalagmitas?

Lo sé, te suena de algo, pero es de esos recuerdos lejanos de cuando estabas en cuarto de primaria, así que está medio borroso. Déjame refrescártelo.

Todo este milagro absurdo comienza con diminutas gotas de agua que se filtran por grietas y rendijas del techo de una cueva. Una vez en el techo, la gravedad entra en juego y las atrae hacia el suelo. Pero no caen de inmediato. Cada gota contiene minerales disueltos que ha recogido a lo largo de su recorrido y, mientras cuelga del techo esperando a que la gravedad sea lo bastante fuerte para hacerla caer, parte de esos minerales se queda ahí. Con el tiempo, ese goteo constante y la acumulación de minerales hacen que empiece a crecer una estructura cilíndrica que cuelga del techo. La estalactita se va alargando poco a poco, con cada nueva gota que deja una nueva capa de minerales.

Acuérdate de esta imagen: una columna mineral que se forma a partir de casi nada y que sigue creciendo, creciendo. Eso es la esperanza, que logra lo que parece imposible conseguir y, además, va encontrando y reuniendo recursos mientras lo hace.

Esa alquimia primitiva en la que el agua se transforma en columna es solo la mitad de la historia. Cuando las gotas finalmente tocan el suelo de la cueva, también dejan allí un pequeño rastro de minerales. Con el tiempo, esos depósitos se acumulan y crecen hacia arriba, tratando de alcanzar el mismo punto desde donde cayeron. Esas columnas que se alzan desde el suelo son las estalagmitas.

¿Y esta imagen? Es la alegría: tomando fuerza del presente y elevándose hacia su hermana, la esperanza. Con el tiempo, estalactitas y estalagmitas –esperanza y alegría– pueden llegar a encontrarse y fundirse, formando una sola columna que crece, lenta e increíblemente, en plena oscuridad.

Al igual que las gotas de agua se acumulan poco a poco y forman estalactitas, la esperanza siempre encuentra las grietas y hendiduras en los momentos más oscuros. Sin nuestra intervención, la esperanza gotea con la promesa inexorable de días mejores, alimentando el crecimiento de pequeños momentos de alegría que surgen del suelo de la cueva, en este caso la cueva del dolor de tu mente.

Si unas simples gotas de agua pueden realizar este absurdo milagro alquímico, ¿cómo no vamos a ser capaces de realizarlo también nosotros?

Esto es lo que espero lograr con este libro: mostrarte la alegría y la esperanza de las que acabo de hablar con tanta claridad que empieces a verlas por todas partes. En un mundo cargado de ruido y oscuridad, es fácil pasar por alto el resplandor de los momentos alegres. Pero está ahí. Y quiero que veas que no solo está, sino que no es lo contrario de la oscuridad. La alegría no aparece solo cuando todo está bien. Eso no es cierto. De hecho, la luz más pequeña, más intensa y valiosa *solo* se distingue cuando todo está oscuro.

Y una vez que ya no puedas dejar de verla, quiero enseñarte a aprovecharla y amplificar su poder. Porque esa chispa brillante, esa fuente de luz constante e inagotable, no solo puede ayudarte a atravesar tus momentos más duros, solitarios o aterradores. También puede reconfigurar tu cerebro por completo.

A lo largo de estas páginas voy a presentarte a los seis ladrones de la alegría y la esperanza. Son aliados del trauma y, aunque no siempre los reconozcas, es muy probable que ya te hayas cruzado con varios... o con todos. Actúan con sigilo, siempre al acecho, esperando el momento oportuno para arrebatarte lo que te sostiene. Se instalan frente a la puerta y hacen todo lo posible para impedir que la alegría y la esperanza entren. Y si llegan a colarse, se encargan de expulsarlas rápidamente.

La clave está en sacarlos a la luz. Su fuerza radica en moverse en la sombra, donde creen que no los ves. Pero cuando aprendes a reconocerlos, pierden poder. Son seis, sí, pero no son tan ingeniosos como creen: sin saberlo, se agrupan en tres grandes frentes: la resistencia, el miedo y la vergüenza.

La resistencia a la alegría aparece cuando el trauma nos convence de que esas emociones felices son tan absurdas que probablemente ni siquiera sean reales. Entonces, entran dos ladrones: la hipervigilancia y el adormecimiento emocional. Se colocan en la puerta y no dejan pasar la alegría ni la esperanza. Ni un resquicio. Han corrido las cortinas y, cuando la alegría y la esperanza llaman, las empujan escaleras abajo: «¿Alegría? ¿Esperanza? No, gracias. ¡Eso ni siquiera existe!». Y cierran la puerta de un portazo.

El miedo a la alegría surge cuando el trauma nos ha enseñado que las emociones positivas son una trampa: promesas vacías que nos hacen bajar la guardia justo antes del golpe. Y entonces, ¡pum! Llega el dolor. Y con él, la vergüenza. Pero no te preocupes, porque estos dos ladrones (el miedo a la pérdida y el condicionamiento del miedo) están siempre listos para recordártelo:

«¿Alegría? ¿Esperanza? No. No, no, no, no. Ya sabemos cómo termina eso. Incluso una vez les abrimos la puerta. ¿Recuerdas lo que vino después? Exacto. Aquello. Nunca más». Y con eso, cierran la puerta de un portazo.

La culpa o la vergüenza por sentir alegría aparecen cuando el trauma nos convence de que nuestro papel en esta vida es sentirnos mal *para siempre*. Nos hacen creer que, si seguimos adelante, estamos traicionando a alguien o a algo. Así, ese primer destello de alegría se convierte, casi de inmediato, en incomodidad y miedo.

Estos dos ladrones (la culpa y la vergüenza) son gemelos casi idénticos, como esos que se cambian de lugar en clase para engañar al profesor. Lo que al principio parece culpa (¿de verdad puedo sentirme bien después de algo tan terrible?) se transforma sin darte cuenta en vergüenza (si realmente me siento bien después de algo tan terrible, debo de ser una mala persona). A esta categoría la llamaremos «vergüenza por la alegría», porque la vergüenza es la hermana fuerte y ruidosa: «¿Esperanza y alegría? ¡Bah! Eso es para otros. Nosotros no lo merecemos». Y portazo.

Puede que tengas uno de estos ladrones, o los seis, pero ahora también me tienes a mí, y yo no les tengo miedo. Llevo años observándolos y conozco todos sus movimientos. He creado herramientas y ejercicios que te ayudarán a expulsar a cada uno de ellos. Así que ve a por tu equipo de espeleología y vamos a las cuevas; tenemos trabajo que hacer.

Oye, antes de que empecemos, hay algo importante que quiero decirte.

Este es un librito oscuro sobre la alegría. Y lo digo en serio: la alegría y la esperanza que vas a encontrar aquí son crudas, sin adornos. Vamos a hablar de duelo, violencia, suicidio. Son temas que pueden ser difíciles. Si los he incluido es porque creo que pueden ayudarte, pero si en algún momento sientes que te abruman (ya sea por las historias o por las herramientas), tienes todo el derecho a hacer una pausa. Sáltate partes. Cierra el libro. Déjalo a un lado. Solo tú puedes saber qué necesitas y cuándo.

Sé amable contigo.

CAPÍTULO 1

¿Estás bromeando?

La vida es un naufragio, pero no por eso hay que dejar de cantar en los botes salvavidas.

–Voltaire

«¿Alegría? ¿Alegría? ¿Alegría, has dicho? ¿Estás de broma? No tengo tiempo para esa mierda de alegría. ¡Escúchame, joder! ¿Has entendido algo, aunque sea un poco, de mi vida? ¿Alegría? ¿Sabes qué? ¡Que te den!».

Y con eso, mi cliente Christina cerró el ordenador de golpe, terminando de forma abrupta nuestra sesión por Zoom. Yo solo estaba intentando incorporar la esperanza y la alegría a mi trabajo terapéutico. Pero, con lo empalagosas que suelen parecer estas emociones cuando se habla de ellas, probablemente no debería haberme sorprendido que Christina me mandara a la mierda en cuanto intenté «recetarle» algo así.

Imagínate la escena: estamos a finales del verano de 2020, en pleno auge de la pandemia de COVID-19. Confinamientos, restricciones de viaje, distancia social. La economía tambaleándose, gente perdiendo el trabajo y un sistema de salud al borde del colapso. Un movimiento global contra el racismo y la violencia policial, provocado por el asesinato de George Floyd. Una recesión económica exprimiendo la economía mundial y dejando a familias enteras en la indigencia.

Por aquel entonces, yo veía entre ocho y nueve clientes al día, además de dar clases a tiempo completo y escribir dos libros. En mis escasos ratos de ocio, me dedicaba a buscar frenéticamente nuevas intervenciones que pudieran ayudar a mis clientes. Muchos de ellos tenían que lidiar con múltiples problemas al mismo tiempo y, a pesar de mi amplia experiencia en trauma, seguía pensando que no contaba con los recursos adecuados. Lo que estábamos viviendo era, literalmente, algo sin precedentes.

Y entonces leí sobre el circuito de la esperanza. Para que te hagas una idea (en el capítulo cuatro entraremos más a fondo), el circuito de la esperanza es una red neuronal potente que impulsa el optimismo, la resiliencia y la sensación de posibilidad. Es una interacción compleja entre varias regiones cerebrales que se conectan como si formaran parte de un mismo sistema. Cuando se activa, nos sentimos con ilusión, motivación y confianza en que el cambio es posible. Nos ayuda a imaginar un futuro mejor, a marcarnos objetivos y a actuar para alcanzarlos.

Este circuito nos permite superar obstáculos, recuperarnos tras los golpes y mantener una perspectiva constructiva incluso en momentos difíciles. Una pasada, ¿verdad? A mí también me lo pareció. Entender cómo funciona y aprender a activarlo nos ofrece una herramienta poderosa para seguir adelante.

¿Cómo se activa el circuito de la esperanza? En realidad, es muy sencillo. Se hace a través de la práctica regular de la gratitud, la esperanza y la alegría. ¿En serio? Sí, en serio. Investigué a fondo y empecé a dar clases y a hablar a grupos y a clientes sobre el circuito de la esperanza. Y empezamos a practicar juntos. Y funcionaba. En su mayor parte. Excepto con Christina.

Son las seis y media de la tarde un viernes, y Christina me habla por Zoom desde la cama. Está tan llena de rabia contenida que empiezo a preocuparme de que le dé un infarto. Llevamos unos tres meses trabajando juntas, y no hay el más mínimo avance. Ni una pizca. Christina odia a sus compañeros de trabajo: son unos incompetentes. No soporta a su marido: un vago desempleado que no la escucha. Sus amigas, que no tienen «ni puta idea» de lo duro que es todo para ella. Su padre, enfermo y patético, tampoco. En realidad, ¡nadie la entiende!

La rabia de Christina es visceral y, aparentemente, ilimitada. Hay muchísima energía ahí, pero es algo que no podrá mantenerla en pie por mucho tiempo, y creo que no se da cuenta de lo destructiva que puede llegar a ser. Llevamos tres meses y nunca la he visto sonreír. Está convencida de que no hay nada bueno en el mundo, ni en su vida, ni en ninguna parte. Y lo curioso es que, en teoría, ella no vino a verme por nada de eso. Lo que quería era trabajar temas de su infancia, pero se frustra porque nunca llegamos a eso: tiene tanta rabia acumulada en el presente que, al final, siempre se impone. Le explico que su rabia importa, que está marcando cómo vive cada día y que por eso no estamos perdiendo el tiempo. Pero también le digo que ese enojo constante con su esposo y con todo lo que la rodea es solo un síntoma. Que tenemos que ahondar ahí. El problema es que hay demasiado que atravesar. Ella está estancada, yo también. Y entonces, se me ocurre una idea.

Empiezo a hablarle del crecimiento postraumático, que no es una hipótesis, sino un *hecho*: las personas que atraviesan experiencias traumáticas a menudo experimentan transformaciones psicológicas positivas y profundas. Transformaciones que no habrían ocurrido sin el trauma. Le hablo de los estudios en psicología positiva y de cómo, si conseguimos ajustar sus «controles internos» hacia la gratitud y la esperanza, empezará a sentir de otra manera en lo que respecta al mundo y a su lugar en él. Le explico qué es el circuito de la esperanza y le digo que, en mi opinión, para poder sanar, necesita estar dispuesta a abrirse a la alegría.

Al decirle eso, Christina cerró de golpe el portátil, y la sesión –y nuestra relación– se acabó. Me quedé desconcertada unos minutos, pero pronto entendí lo que había hecho. Sin darme cuenta, la había hecho sentir completamente anulada. Fue como si le hubiera dicho: «Mira, es fácil. Solo tenemos que conseguir que sientas algo de esperanza ante ese abismo oscuro y turbulento que es tu futuro, un poco de gratitud por tu marido negligente y dependiente, y cierta admiración por la resiliencia que desarrollaste en esa infancia tan injusta y brutal». Era como pedirle que se lanzara al mar sin haber aprendido a nadar. Yo también me habría mandado al carajo.

Aunque la esperanza y la alegría son emociones positivas, no siempre las sentimos así. A veces necesitamos *bajarles el volumen*, como si tuviéramos un panel de control interno. Tal vez lo primero sea simplemente tratar de ubicarlas: ¿alguna vez estuvieron ahí?, ¿qué se siente al experimentarlas?, ¿qué fue de ellas, adónde se fueron?

Al día siguiente, le escribí a Christina un correo largo, pidiéndole disculpas e intentando explicarle por qué había creído que esa conversación –tan claramente inoportuna– podía ayudarla. Traté de hablarle de la investigación, de lo fiable que era, de lo bien que estaba funcionando con algunos de mis grupos y otras personas con las que trabajaba. Pero no sirvió de nada. Había roto su confianza, la hice sentir que no la escuchaba, y usé la herramienta equivocada en el peor momento posible.

¿POR QUÉ LA ALEGRÍA Y LA ESPERANZA?

La psicología positiva surgió en los años noventa con el objetivo de cambiar el enfoque de la investigación psicológica: dejar de centrarse exclusivamente en las enfermedades mentales y el malestar para empezar a estudiar el bienestar y el desarrollo humano.

¿Qué pasaría si, en lugar de analizar solo la patología, investigáramos las emociones positivas? ¿Cómo influye la fortaleza de carácter en el bienestar general? ¿De dónde vienen cualidades como la determinación y la resiliencia, y cómo podemos fortalecerlas y cultivarlas? ¿Cómo podríamos desarmar los patrones de miedo y retraimiento de alguien?

Con estas preguntas en mente, los investigadores se pusieron en marcha para estudiar el impacto de las emociones positivas en el bienestar general. De esas investigaciones surgieron dos emociones clave, que se convirtieron en pilares del desarrollo psicológico saludable. Si logras acceder a ellas y mantenerlas, puedes enfrentarte a lo que sea. ¿Quieres saber cuáles son esos dos pilares del bienestar emocional? La gratitud y la esperanza.

La gratitud –que, en esencia, es la emoción que surge cuando grabamos en nuestro interior los momentos o experiencias de alegría– está relacionada con diversos efectos positivos. Una y otra vez, los estudios mostraron que prácticas simples como llevar un diario de gratitud, escribir notas de agradecimiento o tener gestos de amabilidad aumentaban la satisfacción vital y reducían síntomas de depresión y ansiedad.

También se investigó el concepto de esperanza y su impacto en la vida de las personas. Se estudiaron aspectos como su influencia en la capacidad de establecer metas, la motivación, la forma de enfrentar la adversidad y la salud psicológica en general. Los resultados mostraron que las personas con mayores niveles de esperanza tenían más resiliencia, alcanzaban con mayor frecuencia sus objetivos y experimentaban un mayor bienestar subjetivo.

A partir de estos hallazgos tan prometedores, la psicología positiva empezó a desarrollar intervenciones terapéuticas respaldadas por la ciencia para fomentar emociones como la gratitud y la esperanza. Entre estas intervenciones se encuentran ejercicios de gratitud, técnicas para definir objetivos, estrategias de reestructuración cognitiva que ayudan a favorecer pensamientos positivos, y prácticas de visualización orientadas a imaginar un futuro deseado.

Ya. Te suena a cuento chino... Te entiendo.

Como investigadora interdisciplinaria, dedicada precisamente a analizar de forma crítica el campo de la psicología, voy a ser sincera: durante mucho tiempo descarté por completo la psicología positiva. Me parecía una fantasía ingenua, propia de los años noventa, sin demasiada utilidad para quienes lidian con el sufrimiento, el trauma o el malestar profundo.

Sin embargo, luego empecé a revisar a fondo la parte científica.

Quería saber si esos resultados tan prometedores se mantenían con el tiempo y si aparecían de forma consistente en estudios distintos. Así que busqué estudios longitudinales y metaanálisis: investigaciones que siguen a personas durante largos periodos o que combinan datos de muchos estudios para analizarlos de forma conjunta. Cuando los psicólogos hacen este tipo de análisis, normalmente quieren responder dos preguntas: primero, ¿qué muestran en conjunto todos estos estudios independientes? Y segundo, ¿ese efecto se mantiene? Es decir, ¿las personas realmente mejoran... y siguen bien con el tiempo?

Y lo que encontré fue que los estudios respaldaban de forma consistente –casi sin excepción– los efectos positivos de la gratitud y la esperanza en el bienestar, las relaciones, la resiliencia y el desarrollo personal.

Y después llegó la neurociencia.

La investigación con neuroimágenes surgió a finales de los años noventa y permitió estudiar la actividad cerebral sin necesidad de intervenciones invasivas. Esto se logró mediante la resonancia magnética funcional (fMRI), una técnica que permite observar en tiempo real el flujo sanguíneo y la actividad del cerebro. Ya en la primera década del siglo XXI empezaron a aparecer estudios que demostraban que las emociones positivas y el bienestar estaban realmente conectados a nivel neuronal. Es decir, que prácticas como los ejercicios diarios de gratitud podían modificar el flujo de sangre en el cerebro, ayudar a que este tomara el control del sistema nervioso desde las áreas responsables del pensamiento y la autorregulación, y con ello aumentar la felicidad, la sensación de plenitud y el bienestar general.

Mira este estudio. Dividieron a los participantes en tres grupos, y todos llevaron un diario durante diez semanas. A un grupo le pidieron que escribiera cosas por las que se sentía agradecido. Otro registraba molestias y disgustos del día a día. Y el tercero anotaba hechos neutros, sin carga emocional.

Los investigadores observaron que los participantes del grupo de gratitud tenían niveles significativamente más elevados de bienestar subjetivo y satisfacción con la vida en comparación con los otros dos grupos. Y además, las fMRI mostraron que ese grupo presentaba una mayor activación en la corteza medial prefrontal, una región del cerebro asociada con el procesamiento de recompensas y las emociones positivas.

¿La conclusión? Practicar la gratitud cambia tu estado de ánimo a *nivel neurobiológico*, modulando el flujo sanguíneo y la actividad eléctrica en el cerebro.[1]

¿Y qué hay de la esperanza?

Me alegra que lo preguntes. En un estudio que analizaba la relación entre la esperanza y la salud mental en personas mayores, se evaluó el nivel de esperanza de los participantes y luego se les hizo un seguimiento durante un periodo de cuatro años para medir los resultados en su salud mental.

El estudio mostró que los niveles más altos de esperanza estaban asociados con mejores indicadores de salud mental en adultos mayores. Además, las fMRI revelaron que las personas con mayor nivel de esperanza presentaban una mayor activación en la corteza prefrontal y en otras áreas del cerebro relacionadas con el afecto positivo (es decir, todas esas zonas responsables de generar emociones agradables y buen estado de ánimo) y con el control cognitivo.

Una vez más, estos hallazgos sugieren que la esperanza implica procesos tanto emocionales como cognitivos que influyen en el bienestar mental.[2]

Como investigadora, cada vez me costaba más ignorar el impacto positivo de la gratitud y la esperanza. Sin embargo, como profesional que trabaja con clientes que han sufrido traumas, y como alguien que estaba superando su propio trauma, seguía sin tener una opinión clara al respecto. La esperanza y la gratitud pueden parecer absurdas, imposibles de alcanzar cuando los cimientos del mundo se han derrumbado bajo tus pies.

¿Gratitud? ¿Por qué? Después de un trauma, el mundo parece inhabitable, y la única emoción accesible es el pánico que te recorre el cuerpo como si alguien te hubiera metido una granada en la boca y hubiera tirado de la anilla. ¿Esperanza en el futuro? Intenta echar un vistazo al futuro que antes veías brillante y prometedor y que ahora te cuesta tanto imaginar. En medio del trauma, lo más probable es que te encuentres con un abismo rugiente y aterrador. Este es el enigma: ¿cómo podemos alcanzar la alegría y la esperanza cuando estamos cayendo en picado en la oscuridad?

SEIS MANERAS EN QUE EL TRAUMA TE ROBA LA ALEGRÍA

Empecemos por aclarar a qué nos referimos cuando hablamos de trauma. Es una palabra con un pasado complejo y un presente algo confuso.

Todos, sin excepción, llegamos a este tema con una serie de respuestas automáticas frente al trauma. Seguramente has oído hablar de ellas: lucha, huida y parálisis (espera, en un segundo te hablo del servilismo). Se cree que estas respuestas evolucionaron como mecanismos de supervivencia: son formas de afrontamiento que se activan solo cuando nos sentimos tan sobrepasados por una situación que no encontramos salida.

Cada una de estas respuestas nos ayuda de una manera diferente cuando estamos en peligro. La lucha nos sirve para pelear y gritar cuando nuestro sistema ha decidido que nos enfrentamos a un enemigo al que probablemente podemos vencer. La huida nos ayuda a salir corriendo cuando nuestro sistema decide que quizá no podamos luchar, pero sí escapar. Y la paralización hace que desconectemos de nosotros mismos cuando no podemos luchar ni escapar.

Una nota rápida sobre el *servilismo* y otras palabras que se añaden a la lista: se pueden desarrollar respuestas al trauma más sofisticadas basadas en la experiencia y el condicionamiento. Complacer es una de ellas. Es una respuesta al trauma muy real por la que una persona maltratada aprende a calmar y mimar a su maltratador para evitar más (o peores) malos tratos. Dado que «complacer» implica aprender (cómo anticipar el estado de ánimo de un maltratador, cómo calmarlo), no lo incluyo en el grupo de respuestas traumáticas predeterminadas que compartimos con los bebés y los reptiles. ¿Por qué? Es importante distinguir las respuestas predeterminadas de las que aprendemos, porque si las agrupamos todas, corremos el riesgo de perder información importante. Por ejemplo, si me presento como un adulto* que se muestra complaciente o servil, *y* sabemos que no vine al mundo con esa respuesta como parte de mi comportamiento predeterminado, eso significa que *lo aprendí en algún lugar*. Dónde lo aprendí y cómo puede ser información crucial que necesito para poder procesarlo y sanar.

Es fundamental entender que es nuestro sistema nervioso el que elige cada una de estas respuestas y que toma estas decisiones en cuestión de milisegundos. Cuando estamos totalmente abrumados ante un posible peligro, no es la mente racional la que decide qué hacer; es el sistema nervioso el que toma el control.

Aquí hay un detalle clave que necesitamos comprender: una vez que se activan las respuestas al trauma en el cerebro y el resto del cuerpo, otras funciones se apagan automáticamente para conservar energía. Entre las primeras en desconectarse están las partes del cerebro que

* N. del T.: Por razones prácticas, se ha utilizado el masculino genérico en la traducción del libro. La prioridad al traducir ha sido que la lectora y el lector reciban la información de la manera más clara y directa posible.

usamos para pensar con claridad y para formar recuerdos organizados y accesibles (la corteza prefrontal y el hipocampo). A consecuencia de esto, después de un trauma, nos quedamos con recuerdos fragmentados que pueden dar lugar a todo tipo de síntomas. El trauma es, ante todo, una alteración de la memoria.

Bien. Entonces, ¿qué tipo de vivencias activan la respuesta traumática? ¿Qué experiencias pueden convertirse en traumas? Sabemos que hemos evolucionado con estos mecanismos de emergencia para sobrevivir. Y también hemos desarrollado cierta fascinación por las listas, así que es natural que nos sintamos tentados a hacer una lista de experiencias potencialmente traumáticas. «¡Mira! –decimos–. ¡Aquí está la lista completa de todo lo que puede ser traumático! Ahora solo hay que evitarlo».

Pero cuidado: este enfoque tiene un par de problemas. En primer lugar, las listas las hace la *mente*; en cambio, las decisiones sobre el peligro las toma el *cuerpo*. Ignorar la sabiduría del cuerpo lleva inevitablemente a errores. En segundo lugar, y relacionado con lo anterior, prácticamente *cualquier experiencia* puede ser traumática si se dan las circunstancias adecuadas. Lo que realmente sería más útil es definir el trauma no por lo que sucedió, sino *por la forma en que ese evento impacta al sistema nervioso*.

En vista de ello, esta es la definición que utilizo. Cada vez que te expones a algo tan abrumador que activa los sistemas de emergencia (lucha, huida y parálisis) de tu cuerpo, has estado expuesto a algo traumático. Lo que parece decidir si ese trauma se arraigará en tu psique y en tu alma es si cuentas con alguien que te apoya y te ayuda a procesar lo que fue demasiado abrumador para asimilar en ese momento. A eso lo llamo un refugio relacional.

Vamos a recapitular los tres puntos que hemos visto hasta ahora. Primero: las respuestas automáticas al trauma (lucha, huida, parálisis) están grabadas a fuego en nuestro sistema. Segundo: cuando estas respuestas se activan, significa que hemos estado expuestos a una situación traumática, punto. Da igual si esa exposición viene de una agresión sexual o de que tu jefe te haya humillado. Tercero: para evitar que esa exposición traumática se convierta en un trauma duradero –y para sanar el trauma si ya se ha instalado–, necesitamos un refugio relacional.

¿Qué tiene esto que ver con la alegría y la esperanza? Tomemos un poco de distancia y pensemos en cómo la exposición repetitiva al trauma puede moldear a un ser humano en desarrollo. Además de llegar al mundo con respuestas al trauma y una afición por las listas, los seres humanos también tenemos una capacidad de adaptación *milagrosa*. *Todas* nuestras experiencias nos moldean y condicionan. Nuestro cerebro y todo nuestro cuerpo graban lo que vivimos y organizan nuestros recuerdos para que podamos desenvolvernos en el mundo con mayor seguridad. Cuanto más recuerdo, más posibilidades tengo de seguir con vida.

Quizá nunca seamos tan moldeables como cuando somos más vulnerables, es decir, entre el nacimiento y los dieciocho años. Durante este periodo, el cerebro en desarrollo absorbe experiencias y configura sus vías neuronales en consecuencia, formando *rápidamente* conexiones basadas en el entorno y las interacciones. Esto cambia la forma en que entendemos el mundo y nos relacionamos con él. Piensa en una niña que descubre que si aprende a leer, obtendrá *estrellitas doradas* en la escuela (vale, esa soy yo). Cada vez que consigo una estrella dorada, mi cerebro libera una pequeña descarga de dopamina, un neurotransmisor asociado al placer y la recompensa. Cuanto más repito esto, más fuertes se vuelven las conexiones neuronales entre leer y sentirse bien. Mi pequeño cerebro, ávido de estrellas doradas, empieza a asociar la lectura con la recompensa y, con el tiempo, desarrollo un amor por los libros. Dicho de otra manera: ¿qué aprendo? Leer equivale a una sensación cálida y agradable. ¿Qué hago? *Sigo leyendo*. (Incluso sin las estrellitas doradas, que lamento decirte que no he conseguido en *mucho* tiempo).

La flexibilidad del cerebro es clave para el aprendizaje y el desarrollo, pero no se limita a imprimir en sus neuronas solo las estrellitas doradas y las experiencias positivas. Para garantizar nuestra supervivencia, el cerebro da prioridad a las lecciones negativas relacionadas con el miedo y el peligro. A esto se le llama condicionamiento del miedo, una forma de aprendizaje asociativo en la que un estímulo neutro se vincula rápidamente con un evento aterrador, provocando una respuesta de miedo automática e intensa. El condicionamiento del miedo desempeña un papel *fundamental* en la formación del cerebro en desarrollo. Si te olvidas de las estrellitas doradas, puede que leas menos; pero si olvidas que los osos, por muy peludos que sean, no son amigables, podrías cometer un error fatal. Esta tendencia del cerebro a priorizar las experiencias negativas es un mecanismo de protección, aunque puede tener efectos profundos y duraderos.

Piensa en un niño al que se le regaña o castiga con frecuencia por cometer pequeños errores o expresar sus emociones. Cada vez que se castiga a ese niño, el centro del miedo de su cerebro (la amígdala) se activa y envía mensajes al centro de la memoria (el hipocampo) que le indican que es mejor clasificar estas experiencias como peligrosas para asegurarse de evitarlas en el futuro. Además, dado que su cerebro aún se encuentra en una fase temprana de desarrollo, no tiene mucha capacidad para modular las emociones. (¿Alguna vez has visto a un niño pequeño controlar espontáneamente una rabieta? Yo tampoco). La única otra forma posible de afrontarlas es evitarlas. ¿Qué aprende ese niño? Que cometer errores y expresar emociones conlleva todo tipo de problemas. ¿Qué hace ese niño? Evita situaciones en las que pueda cometer un error o mostrar una emoción inconveniente. Si nos descuidamos, podemos construir toda una vida basada en un patrón de miedo y retraimiento.

Es importante entender que este patrón de evitación no se limita solo a las experiencias negativas. Con el tiempo, nuestro sistema nervioso podría empezar a reaccionar con la misma cautela ante emociones positivas como la esperanza o la alegría. Aunque racionalmente sepamos que son emociones buenas, si hemos aprendido que desear algo positivo suele ir seguido de dolor, es posible que empecemos a percibir que esas emociones constituyen un riesgo. Que la esperanza y la alegría sean emociones positivas no significa que siempre las vivamos como algo agradable. Cuando hay traumas en nuestra historia, es posible que nuestro cuerpo y nuestra mente reaccionen ante ellas como si representaran una amenaza. Siguiendo el ejemplo de Christina, quiero visibilizar esta experiencia y contribuir a comprender por qué, en ciertos casos, las emociones positivas pueden resultar difíciles de integrar.

Tanto la esperanza como la alegría pueden provocar una fuerte resistencia, especialmente en quienes han pasado por experiencias traumáticas. Es fundamental comprender que esta resistencia no es un fallo, sino una forma de adaptación. Cuando vivimos traumas, nuestro cerebro y el resto de nuestro cuerpo aprenden a estar alerta como mecanismo de protección. Y tiene sentido. De hecho, es una muestra de inteligencia. ¿De qué otra forma sabrías evitar una estufa caliente, setas venenosas o a un músico desempleado con moto? Sin embargo, a veces, este sistema de defensa se vuelve *demasiado* estricto. Como un padre bienintencionado pero sobreprotector, puede acabar evitando que nos acerquemos incluso a cosas que no representan un peligro real.

Hay (al menos) seis razones –sí, aquí vienen los ladrones– por las que podrías recelar de estas emociones gemelas que son la esperanza y la alegría. Vamos a repasarlas con algo de detalle para poder reconocerlas cuando aparezcan. Como mencioné en el prólogo, están organizadas en tres categorías: resistencia a la alegría, miedo a la alegría y vergüenza asociada a la alegría.

Resistencia a la alegría

1. Hipervigilancia

Las personas que han sufrido traumas a menudo viven en un estado de **hipervigilancia**, en el que están constantemente alerta ante cualquier posible amenaza. A veces se nota en que no puedes dormir y recorres la casa de arriba abajo como si tuvieras que mantenerla a salvo. O en que, sin darte cuenta, estás pendiente del estado de ánimo de todos, intentando que nadie se altere o se sienta mal. O en esa incomodidad tan familiar que aparece cuando te sientas de espaldas a una puerta abierta en un restaurante. Las emociones positivas, como la alegría o la esperanza, reducen ese estado de alerta, lo que puede generar una sensación de vulnerabilidad. Cuando algo desencadena una respuesta traumática o lidias con un trauma de forma crónica, el centro del miedo en tu cerebro funciona como un francotirador: está enfocado con precisión y nunca duerme. Ese francotirador necesita estar en guardia, necesita mantenerse con vida. ¿Esperanza y alegría? No son simplemente un lujo; son distracciones potencialmente fatales. Así que evitar las emociones positivas puede convertirse en una estrategia para conservar una sensación de seguridad.

2. Anestesia emocional

Con el tiempo, cuando no hemos asimilado por completo las emociones de traumas pasados, tendemos a reprimir o evitar todas las emociones porque eso nos protege de sentirnos abrumados. Nos anestesiamos de diversas maneras: podemos evitar la música o las películas que nos hacen sentir algo, buscar distracciones de forma crónica para pasar el día o recurrir a sustancias como las drogas y el alcohol para bloquear los sentimientos y las experiencias intensas. Es importante comprender que cuando hacemos esto, a menudo lo hacemos de forma compulsiva, por desesperación. No nos levantamos por la mañana pensando: «¡Hoy quiero anestesiarme emocionalmente!». Algo en nuestro subconsciente acciona una palanca de emergencia para que podamos seguir funcionando. La cuestión es que nuestro cerebro no es bueno insensibilizando de forma selectiva, porque simplemente no funciona así. Por lo tanto, si dejamos de sentir una parte, acabamos insensibilizándonos del todo. Esto podría ayudarnos a protegernos de la ansiedad y el terror, pero también reduce nuestra capacidad de experimentar alegría o sentir esperanza en el futuro.

Miedo a la alegría

3. Miedo a la pérdida

Si has sufrido un trauma, eres muy consciente de lo frágil que es la felicidad. Puede que ahora estés feliz, pero todo podría acabar y convertirse en tragedia en un instante, en una milésima de segundo. Lo sabes porque te ha pasado. Te quedaste sentado, en estado de *shock*, con los ojos como platos. Y luego tuviste que lidiar no solo con la pérdida, sino con el hecho de que no la viste venir, humillado por haberte dejado llevar por la idea de que esta vez todo saldría bien. «Nunca más. De ninguna manera. No me es posible predecir lo que va a pasar, pero al menos puedo evitar quedar como un imbécil». El miedo a ser privado de algo puede levantar una barrera enorme entre tú y las emociones positivas.

4. Condicionamiento

Desde 1920, cuando el doctor John Watson logró que el pequeño Albert desarrollara miedo a una inofensiva rata blanca al asociarla con un ruido fuerte y desagradable, los investigadores se han sentido fascinados por lo rápido que el cerebro aprende a sentir miedo. Hoy sabemos que, una vez que el miedo se vincula a un estímulo, ese lazo es extremadamente fuerte, casi irrompible, como si fuera de titanio. Si alguna vez experimentaste emociones positivas justo antes de que una situación se volviera traumática, es posible que tu cerebro haya asociado inconscientemente esas emociones con el miedo. En ese caso, para tu mente, la alegría se convierte en tu propia rata blanca: algo que antes adorabas y que ahora te provoca un miedo profundo.

Vergüenza de la alegría

5. Culpa

En ocasiones, los supervivientes de un trauma sienten culpa por experimentar alegría debido a diversas razones. Las emociones pueden parecer inadecuadas e inapropiadas dadas las circunstancias. Es casi como presentarse a una fiesta disfrazado y descubrir que, después de todo, no era una fiesta de disfraces. ¿Cómo puedes reírte de una comedia solo unos días después de que tu amigo haya muerto de cáncer cerebral a los treinta y cuatro años? ¿Cómo puedes sentir alegría por conseguir el trabajo de tus sueños si tu ciudad acaba de sufrir un atentado terrorista? Estos sentimientos podrían parecer inapropiados, injustos, tabú. La culpa nos roba las emociones positivas. Nos engaña haciéndonos creer que la única forma de restablecer la justicia es seguir sintiéndonos mal.

6. Vergüenza

La vergüenza es la más poderosa de estas fuerzas, la que sostiene a las demás. Como probablemente ya sepas por experiencia, el trauma puede afectar profundamente a la forma en que nos valoramos a nosotros mismos. Muchas personas, después de vivir algo traumático, llegan a creer que hay algo en ellas que no está bien, que tienen un defecto o que no merecen nada bueno. Aunque parezca extraño, muchas veces preferimos pensar que todo fue culpa nuestra antes que asumir que vivimos en un mundo donde pueden pasar cosas terribles sin previo aviso ni explicación. Decirnos «algo debe de andar mal en mí» nos da una sensación de control: si logro descubrir qué es y lo corrijo, tal vez así evite volver a sufrir. El problema es que ese tipo de pensamiento puede hacer que las emociones positivas te parezcan algo que no te corresponde, incluso cuando las tienes justo delante, mostrándose con dulzura, casi suplicando que las aceptes.

A lo largo del libro iremos conociendo a cada uno de estos ladrones y aprendiendo cómo hacerles frente. Pero por ahora, quiero dejar algo claro: no hay *nada* malo en ti por evitar o sabotear la alegría. Eso no significa que seas una persona negativa, ni que tengas un problema, ni que haya algo en ti que deba arreglarse. De hecho, si te descubres alejándote de la alegría, hay *al menos* seis razones que podrían explicarlo. Seis razones que tienen que ver con tu historia. Seis razones que, si lo piensas bien, tienen todo el sentido del mundo.

Empecé con la historia de Christina para mostrar qué obstáculos pueden aparecer en el camino. Ahora quiero compartir un ejemplo de lo que ocurre cuando la alegría logra abrirse paso, para que te hagas una idea de cómo es la vida en la cima. Porque antes de escalar, uno quiere saber si la vista valdrá el esfuerzo, ¿no? Podría repetirte una y otra vez que sí, que lo vale, pero tal vez sea mejor que lo veas por ti mismo.

ALEGRÍA EN EL PSIQUIÁTRICO

Me encanta trabajar con Lena. Es entregada, curiosa, totalmente conectada y confiada. Está dispuesta a afrontar cuestiones difíciles, sabe cuándo hacer una pausa y no oculta ningún detalle importante. No me pone a prueba ni pierde el tiempo. Estamos *enfocadas en el tema* desde los primeros treinta segundos hasta el último de los cincuenta minutos de cada sesión. Lo cual es bueno, porque tiene muchas cosas que resolver.

Cada semana habíamos ido explorando, con delicadeza, el final de su matrimonio. Hablábamos de todo lo que no funcionaba en su relación, de cómo su marido quizá se había aprovechado de su buena disposición y del daño emocional que ella sufría. Eran temas delicados, de esos que nadie quiere abordar, sobre todo cuando se trata de la vida real y no de una serie o una película. Pero Lena tenía claro que quería salir adelante. Con cada paso se daba cuenta de que lo que estaba viviendo no era aceptable. Empezaba a mirar hacia delante, a imaginar cómo levantar la siguiente piedra del camino y tomar otra dirección.

Poco a poco, íbamos abriendo espacio para hablar de la alegría y la esperanza. De cómo su relación la había llevado a temer al amor y cómo el trauma le hacía creer que no era capaz de vivir una relación sana ni de merecerla. Íbamos reconociendo a los ladrones que se interponían entre ella y la felicidad, y poco a poco aprendíamos a esquivarlos.

También vale la pena señalar que Lena está muy anclada en la realidad. Es reflexiva y consciente de sí misma, de sus emociones y de lo que está pasando. En todos los años que llevo trabajando con ella, ni una sola vez me he preocupado por que pudiera sufrir delirios o psicosis. Esto lo entenderás enseguida. Cuando llega a nuestra sesión ese viernes, parece animada, lista para comenzar.

–Menuda historia tengo que contarte –empieza diciendo.

–Uf, eso suena mal... –respondo, intentando descifrar rápidamente la expresión de su cara. Está sentada un poco más erguida de lo habitual y tiene el rostro pálido, como si hubiera visto un fantasma.

–Pues a ver... Para empezar, he pasado setenta y dos horas en el psiquiátrico esta semana.

–¿Eeeeh? ¿Qué dices? –Mi cabeza se pone a funcionar a mil por hora.

¿Se me escapó algo importante? Vuelvo mentalmente a la sesión anterior, que fue hace apenas una semana. Había sido dura, sí, pero no especialmente intensa. Incluso nos reímos un poco. ¿Qué me perdí? Me había hablado de los planes con sus hijas para el fin de semana. Comentamos las películas que iban a ver. ¿Qué demonios había pasado en menos de siete días para que Lena acabara ingresada en un psiquiátrico?

Resulta que el que pronto sería su exmarido consiguió que la ingresaran (una medida totalmente desproporcionada) alegando falsamente que estaba mal. En la mayoría de los estados,* una persona puede ser detenida para ser sometida a una evaluación de salud mental si se considera que representa un peligro para sí misma o para los demás, o si padece una discapacidad grave debido a un trastorno mental. Durante la retención, profesionales de la salud mental evalúan su estado para determinar si es necesario un tratamiento adicional o la hospitalización. Transcurridas setenta y dos horas, hay que ponerla en libertad, aceptar un tratamiento voluntario o prolongar la retención con la autorización de un tribunal.

Lena no representaba ningún peligro para sí misma ni para los demás, ni tenía una discapacidad grave debido a su salud mental, pero su exmarido había afirmado que sí. Probablemente ya lo sabes, pero un pabellón psiquiátrico no es un lugar agradable. Si te ingresan allí sin tu consentimiento, es natural que quieras pasar cada minuto explicando a los médicos y enfermeros que todo es un error, que realmente no necesitas estar allí. El problema es que eso es exactamente lo que diría alguien que *sí* necesita estar ingresado. Así que tienes que demostrarles que es un

* N. del T.: La autora se refiere a los diferentes estados de Estados Unidos, que suelen tener su propia legislación tanto en materia de salud como en otros temas.

craso error. Debes demostrarles que estás perfectamente cuerdo, aunque te sientas atrapado, como un escarabajo bajo una campana de cristal.

¿El primer paso? Aceptarlo. Estás allí durante setenta y dos horas. Esa parte es obligatoria. Es importante señalar que aunque estas estancias forzadas puedan parecer terribles, tienen su razón de ser. Pueden estabilizar y salvar la vida tanto de las personas ingresadas como de quienes las rodean. Pero ese no era el caso de Lena. Ella se encontraba estable y no representaba ningún peligro para sí misma ni para los demás. Estaba allí y sabía que no tenía por qué estar. Muy rápidamente, tuvo que aceptar que esa estancia temporal no iba a terminar en veinticuatro ni siquiera en treinta y seis horas. ¿Y entonces? Inmediatamente se alegró.

Sí, estaba ingresada en el psiquiátrico, y desde la ventana podía ver un precioso cerezo en flor.

Sí, estaba en la planta de psiquiatría, y tenía libros de misterio para leer todo el día. Hacía muchísimo tiempo que no podía permitirse leer una novela.

Sí, estaba allí, *y* podía pasar esos días enseñándoles a los demás pacientes lo que había aprendido sobre la alegría.

Sí, por un lado, estaba la cueva, con sus estalactitas y estalagmitas, y la oscuridad. Pero también la salida, la luz.

Un momento. ¿Te has fijado en lo que acabo de decirte de que Lena les habló a los demás pacientes sobre la alegría? Eso es exactamente lo que hizo. Aprovechó sus setenta y dos horas en la unidad psiquiátrica para enseñarles a otras veinticuatro personas a detectar la alegría en plena oscuridad, a encontrar esperanza en una vida que parece no tener futuro. Y esto lo hizo empleando una práctica que yo le había enseñado, llamada pequeñas alegrías. Es un ejercicio muy sencillo que consiste en prestar atención a cosas pequeñas y agradables que siguen estando ahí, incluso en medio del caos. Hoy, por ejemplo, el día está gris y oscuro mientras escribo esto, pero al lado de mi ordenador tengo un café estupendo.

Cuanto más te esfuerzas en hacer este ejercicio, más alegrías empiezas a notar. En otras palabras, entrenas tu mirada para registrar y conservar esas pequeñas alegrías. Incluso en los peores momentos. Es una herramienta sencilla, y Lena se la explicó a todo el que quisiera escucharla en la sala.

Y ahora seguro que te estás preguntando: *¿Y cómo le fue?*

Los nuevos amigos de Lena captaron la idea al instante. Al poco tiempo, ya se avisaban unos a otros a voces cada vez que descubrían una pequeña alegría.

—¡Me encanta esta manta!

—¡Están poniendo *El juez Mathis*!*

—¡Qué maravilla de atardecer!

—¡Me acabo de leer este libro otra vez!

---

* N. del T.: *El juez Mathis* (*Judge Mathis*) es un programa de televisión estadounidense muy popular en el que un juez resuelve casos reales de menor importancia. Es conocido por su estilo directo y por combinar justicia, humor y mensajes sociales.

Cuando le dieron el alta, Lena les dejó su número de móvil a varios de los pacientes. Unos meses más tarde, invitó a los que pudieron a cenar un domingo en su casa. Rieron, hablaron de la alegría y de *El juez Mathis*, y lo pasaron en grande.

Tres años después, aún sigue recibiendo mensajes diarios de algunos de ellos en los que le cuentan pequeñas alegrías.

Esta es la conclusión: sí, la alegría y la esperanza pueden parecer imposibles de alcanzar y aún más difíciles de mantener. Sí, es posible que sientas resistencia. Tu primer pensamiento al hojear este libro puede haber sido muy similar al de Christina: «¿Alegría? ¿En serio? ¡Vete a la mierda!». Sí, es posible que tengas miedo. Que te avergüences. Y te aseguro que estas hermanas gemelas de la reconfiguración cerebral están a tu alcance, si estás dispuesto a aceptarlas. Te prometo que cambiarán tu vida.

Si Lena y sus compañeros de la unidad de psiquiatría pueden hacerlo, tú también puedes.

AUDITORÍA RÁPIDA DE LA ALEGRÍA Y LA ESPERANZA

Dediquemos un momento a evaluar dónde te encuentras exactamente en el espectro de la alegría y la esperanza. Muchas veces tenemos una opinión visceral, una reacción intensa cuando escuchamos una palabra o frase, pero no hemos analizado esa opinión para ver qué hay detrás.

Cuando lo hacemos, obtenemos mucha información sobre las barreras que pueden surgir.

Una de las mejores maneras de descubrir cómo nos sentimos sobre algo en este momento es escribir libremente. Para ello, utiliza una frase como punto de partida, pon un temporizador, toma un bolígrafo y papel (o ponte delante del teclado) y escribe sin parar hasta que suene el temporizador. El objetivo no es escribir algo coherente, pensar durante una hora en lo que vas a escribir ni escribir para que lo lea otra persona. De lo que se trata es de conectar con la parte más profunda de tu cerebro y dejar que te diga lo que piensa.

Paso 1) Pon un temporizador para cuatro minutos.
Paso 2) Lee en voz alta la palabra *alegría*.
Paso 3) Escribe cualquier cosa que te venga a la mente hasta que suene el temporizador.
Paso 4) Repite los pasos 1 a 3 con la palabra *esperanza*.
Paso 5) Aléjate un momento y luego lee lo que has escrito. Toma nota de lo que te sorprenda. ¿Te han venido a la mente recuerdos concretos? ¿Letras de canciones? ¿Poemas que tuviste que memorizar en secundaria?

¿Qué emociones se despertaron? ¿Entusiasmo? ¿Ira? ¿Aburrimiento? No se trata de juzgar nada, solo de tomar nota. Guarda esta hoja de papel para volver a leerla cuando termines el libro. Puedes repetir este ejercicio y luego comparar los resultados. ¿Cómo han cambiado tus ideas sobre estas emociones?

ENCONTRAR LA ALEGRÍA EN LO COTIDIANO: PEQUEÑAS ALEGRÍAS

Solemos equivocarnos bastante con la alegría, y hay dos ideas en particular que nos desvían por completo. La primera: pensamos que, para que sirva de algo, la alegría tiene que ser tan grande como el dolor que hemos vivido. ¿Has tenido un día horrible? Entonces necesitarías uno de esos días perfectos, casi de película, en los que todo sale bien, para compensar el golpe que ha recibido tu ánimo. La segunda: creemos que el objetivo de la alegría es contrarrestar el dolor. Que si es auténtica, verdadera, con todas las letras, debería anularlo. Como si hiciera inclinar la balanza hacia el otro lado. En realidad, nada de esto es verdad. Y tengo mucho, muchísimo, más que decir sobre el tema. Pero, por ahora, quédate con estas dos ideas:

- La alegría no tiene que ser tan grande como el dolor para que importe.
- Y no tiene que contrarrestarlo ni solucionarlo; puede simplemente estar ahí, al lado.

De hecho, te lo voy a mostrar. Toma un papel.

Paso 1) Pila de compost. En la parte inferior derecha del papel, dibuja un recuadro de tamaño medio y ponle el título «Compost». Dentro del recuadro, haz tu lista de compost: anota todas las cosas desagradables con las que estás lidiando ahora mismo. Por ejemplo: es lunes, en la oficina hace frío, tienes que pasar por el supermercado de camino a casa, sigues luchando con la ansiedad, estás en pleno divorcio, odias tu corte de pelo...

Paso 2) Busca pequeñas alegrías (PA). Ahora mismo, mira a tu alrededor e identifica unas cuantas cosas sencillas que te hagan sentir alegría, aunque solo sea por un momento. Pueden ser detalles muy simples: la sensación de mover los dedos de los pies dentro de tus calcetines favoritos, una postal de un amigo que tienes clavada en la pared detrás del escritorio, o esa canción pegadiza y descarada que suena en tu lista de reproducción. También puede ser la luz del sol que entra por la ventana y cae justo sobre la factura del móvil, el mensaje que acabas de recibir de alguien que te gusta o el hecho de que vas a prepararte tu cena favorita esta noche. Cada vez que descubras una, escríbela en la parte superior de tu hoja.

Paso 3) Grábalas en tu mente. Ahora que tienes tu lista de pequeñas alegrías (¡con tres basta!), detente un momento en ellas. Dedica entre diez y

veinte segundos a pensar en ellas, saborearlas. Si te ayuda, cierra los ojos. Mientras te concentras en esa pequeña lista de alegrías, fíjate en lo que ocurre en tu cuerpo. ¿Dónde notas que sientes la alegría? ¿Qué efecto tiene?
Puede que sientas cómo se libera algo de tensión, una sensación suave y relajada en la cara, algo de calor, incluso un pequeño escalofrío. *Cualquier cosa que notes*, simplemente siéntela. Y trata de alargar esa sensación un instante más.

Paso 4) Repite. Como casi todo en la vida, no basta con practicar las pequeñas alegrías (PA) una sola vez y darlo por terminado. Lo que realmente empieza a generar un cambio importante en tu forma de pensar es la práctica constante y prolongada. Y sí, incluso aquí está bien empezar poco a poco. Prueba a prestar atención a entre una y tres pequeñas alegrías al día durante una semana y fíjate en qué cambia.

Quizá te estés preguntando qué pinta ahí la pila de compost. ¿Por qué empezar un ejercicio centrado en la alegría con un montón de..., bueno, *mierda*? Por dos razones. En primer lugar, porque la mierda está ahí. Y la alegría no viene a eliminarla, sino a aprender a estar con ella. Puede parecer un objetivo menor, pero en realidad es un cambio de mirada radical, porque muchas veces nos dejamos engañar y creemos que *solo hay mierda*. Que nuestros

SEGUIMIENTO DE PEQUEÑAS ALEGRÍAS

LUNES

MARTES

MIÉRCOLES

JUEVES

VIERNES

SÁBADO

LOGROS SEMANALES

- ○
- ○
- ○
- ○
- ○
- ○
- ○

DOMINGO

COMPOST

EL PRIMER SORBO DE CAFÉ DE LA MAÑANA

traumas lo ocupan todo, o que eso es lo que somos. Que nuestros errores pesan más que cualquier otra cosa que hayamos hecho. Nada de eso es verdad. Pero a veces necesitamos engañarnos un poco para poder salir del engaño en el que ya estábamos. Y al colocar el compost justo al lado de la alegría, nos ayudamos a ver ambas cosas a la vez. El objetivo aquí no es eliminar la oscuridad de nuestras vidas. Si nos marcamos eso como meta, estaremos abocados al fracaso. El objetivo es aprender a encontrar y reconocer la luz incluso cuando todo está oscuro. Para eso, necesitamos aceptar que conviven las dos. De modo que sí, hay mierda, pero también hay alegría.

En segundo lugar, hemos de tener cuidado para no caer en algo peor que cualquiera de estos ladrones: la positividad tóxica. La positividad tóxica es esa idea de que la única forma de enfrentarse a lo oscuro en la vida es mantener siempre una actitud positiva. Sabes que estás ante una positividad tóxica cuando invalida o ignora lo que realmente sientes. ¿Te han despedido de repente? ¡Piensa en positivo! ¿Se te ha muerto tu mascota de toda la vida? ¡Mira el lado bueno! ¡Ya no tendrás que limpiar su cajón de arena! ¿Ha fallecido un familiar? ¡Seguro que está en un lugar mejor! Uf, uf, uf. La positividad se vuelve tóxica cuando se lleva al extremo y niega o minimiza emociones reales –y muchas veces dolorosas– que necesitan ser reconocidas y procesadas. Y eso *no es* lo que estamos haciendo aquí. La mierda está presente. La oscuridad está presente. Y también lo están la alegría y la luz. Al ponerlas en la misma página, le estamos enseñando al cerebro que no se trata de elegir entre una cosa u otra. Se trata de aprender que siempre conviven las dos.

Ahora que nos hemos situado y hemos reconocido las resistencias, es momento de adentrarnos un poco más en la cueva. He dividido el resto del libro en tres partes, que corresponden a las tres categorías de ladrones de la alegría. ¿La primera categoría? La resistencia. ¿Y sus ladrones? La hipervigilancia y la anestesia emocional.

PRIMERA PARTE

LA RESISTENCIA A LA ALEGRÍA

CAPÍTULO 2

Hipervigilancia: palomas en el patio de la cárcel

No hay «ellos» y «nosotros». Solo hay «nosotros».

–Padre Greg Boyle

La primera sesión del día es con Frank. Son apenas las nueve de la mañana, pero ya tengo las persianas bajadas para intentar frenar el sol implacable de Los Ángeles. La luz se refleja en los edificios, en el asfalto, en el agua, en los parabrisas..., y a veces tengo que esconderme en alguna habitación sin ventanas solo para darme un respiro. Aquí nunca llueve, y hasta cuando está nublado –eso que llaman *June Gloom** (hay que decirlo en voz alta y con ese deje arrastrado tan típico de los habitantes de Los Ángeles)–, el clima sigue siendo igual de agobiante. Frank y yo

* N. del T.: *June Gloom* ('tristeza de junio') es como se conoce a los días grises y nublados que suelen darse en Los Ángeles a principios de verano, especialmente en junio, a pesar del clima normalmente soleado de la ciudad.

alternamos sesiones presenciales y telefónicas, y agradezco que hoy toque por teléfono, porque así puedo cerrar los ojos: una barrera más contra la luz. Aun así, se cuela. Incansable.

Frank está muy bien. Barre su habitación, charla con sus vecinos y compañeros de piso, y entre una cosa y otra me cuenta que acaba de volver de comprar bocadillos para que desayunaran unos cuantos chavales que viven en la esquina.

–¿Sabes, MC? Es una pasada estar de este lado. –Se ríe, y yo sonrío.

–Lo sé, Frank.

Frank tiene la costumbre de decir mi nombre en casi todas las frases. No sé si lo hace para hacerme sentir especial, para asegurarse de que estoy escuchando, para darle énfasis a lo que dice o porque se leyó *Los 7 hábitos de la gente altamente efectiva* demasiadas veces en prisión. Sea por lo que sea, tiene su encanto, y no puedo evitar devolvérselo de vez en cuando, por si eso le ayuda a notar que sí, que lo estoy escuchando.

Estoy en Los Ángeles trabajando con expresidiarios que han salido de prisión y pertenecieron a bandas, y Frank es uno de ellos. El objetivo de este proyecto es acompañar a quienes están intentando reinsertarse en la sociedad (y en el mundo laboral) y entender qué es lo que realmente favorece una buena reintegración.

Estamos utilizando un programa que diseñé a partir de lo poco que sabemos hasta ahora: que muchas de las personas de este colectivo han vivido traumas profundos y, sin embargo, no han recibido atención psicológica en toda su vida. Y cuando se les ofrece, a menudo la rechazan por el estigma que conlleva. También sabemos que, al llevar tatuajes visibles, suelen ser fácilmente identificables y enfrentarse a una discriminación diaria brutal, que casi no existen redes de apoyo social para ellos, y que más del ochenta y tres por ciento volverá a prisión en un plazo de tres años.

A los diecisiete años, Frank fue condenado a varias cadenas perpetuas por un triple homicidio. Pasó casi veinte años en prisión antes de ser indultado por el gobernador de California, Jerry Brown, quien durante su mandato se propuso reequilibrar la balanza de la justicia.

Es muy probable que tengas prejuicios sobre los miembros de bandas. Y la verdad es que sería raro que no los tuvieras. En las noticias y en Hollywood casi siempre se los representa como superdepredadores violentos, asesinos en serie con estilo que han elegido esa vida brutal y violenta como quien elige carrera en la universidad. No hay nada más alejado de la realidad. *Nadie* elige entrar en una banda. Hay niños que nacen en ellas y otros que se ven obligados a ingresar antes siquiera de cumplir diez años, o que lo hacen como último recurso para protegerse a sí mismos y a sus familias.

Además, yo trabajaba con exmiembros. Gente que había salido de las bandas –una decisión peligrosísima en la mayoría de los casos– y que ya había cumplido su condena. Merecen una segunda oportunidad. Y tenemos mucho más en común con ellos de lo que creemos.

Frank ha pasado toda su vida adulta, hasta ahora, en prisión. Tiene cuarenta y tres años y al menos el doble de mi tamaño. Pero también es un niño de siete años, con unas pestañas largas y suaves como de ternero de dibujos animados, y una sonrisa capaz de iluminar sin esfuerzo una ciudad entera durante un apagón.

Y ese niño está asustado, porque no sabe leer. Y si no aprende rápido las palabras garabateadas en las paredes del baño del correccional, no podrá proteger a los chicos más pequeños, los más guapos, de los mayores, los más depredadores. Ese era su papel: ejercer violencia para evitar que otros sufrieran una aún peor. Porque sí, hay formas de violencia peores que la muerte. De esas de las que se sobrevive.

Cuando estoy terminando la sesión con Frank, son casi las diez de la mañana y tengo la cabeza entre las manos, no solo por el sol, sino también por las lágrimas, porque Frank acaba de preguntarme, lleno de alegría, si puede rezar conmigo –por mí– antes de colgar.

> –Solo quiero rezar contigo, MC. ¿Puedo hacerlo?
>
> –Claro que sí, Frank.
>
> –Vale, pero tienes que cerrar los ojos.
>
> –Por supuesto. Ya los he cerrado.

Y entonces Frank reza una oración por la paz, para los dos. No tiene ni idea de que mi vida personal se está desmoronando. Que cada mañana, al despertarme, lo primero que pienso es: «Esto es una pesadilla». Que cada noche acabo llorando en la ducha. No sabe cuánto necesito un poco de paz, aunque sea mínima. Y ni siquiera estoy segura de que sepa cuánto la necesita él también. Pero este momento, en el que reza por mi paz, es uno de esos recuerdos que se cristalizan como la miel pura. Podría permanecer igual de vivo, igual de sagrado, aunque lo escondieran en una tumba egipcia durante cinco mil años.

Terminamos nuestra llamada, y puedo decirte exactamente qué va a hacer Frank el resto del día, porque conozco toda su rutina. Le gusta recitármela al principio de cada llamada porque es una forma de exaltar su libertad: las decisiones, su coche, poder escoger qué escuchar y conducir cuando le apetece, elegir qué comer. Frank termina de barrer su habitación y se va a trabajar. Escucha música góspel en el estéreo de su coche de camino a casa y se detiene en Five Guys. Mi día también es rutinario. Tengo más sesiones con más chicos como Frank y otros que no se parecen en nada a él, y luego me escondo en una habitación a oscuras para protegerme del sol y llorar.

Lo que aún no vemos, ni Frank ni yo, es al ladrón de la alegría que está a su lado mientras él se aferra a su cuidadosa rutina. Esa hipervigilancia que salvó a Frank y a los chicos más pequeños y jóvenes de la cárcel es la misma hipervigilancia que está a punto de enviarlo de vuelta allí.

Veo al ladrón de la alegría una noche cuando Frank me llama a las dos de la madrugada desde la cárcel. Como siempre he tenido el sueño profundo, he aprendido a dormir ligero desde que empecé a trabajar con estos chicos. Si no contesto al tercer tono, cuelgan. Y cuando alguien te llama desde la cárcel, no puedes devolver la llamada. Soy como una madre primeriza, solo que, en lugar de un recién nacido, tengo a cuarenta antiguos miembros de una banda que me despiertan en mitad de la noche.

> –Hola, esta es una llamada a cobro revertido desde la cárcel del condado de Ventura. Diga «sí» si desea aceptar.
>
> –¡Sí, joder! ¡Sí!

Clic. Clic. Y entonces entra la voz de Frank, y ya estamos metidos de lleno en la conversación. Ni un hola.

> –MC, ¿por qué la muerte y el sexo están tan ligados? Para mí al menos. ¿Eso está mal? ¿Estoy mal de la cabeza?
>
> –Porque el sexo es la forma más potente que tenemos de desafiar a la muerte –le digo–. No tiene nada de raro. De hecho, tiene todo el sentido. Es una buena forma de rebelarse. ¿Por eso me has llamado?
>
> –Se han cargado a Jimmy, MC. Lo mataron justo en la esquina. Todavía oigo a su madre gritar. Gritaba ahí, en mitad de la calle. Estaba encogida, MC, doblada sobre sí misma, ahí mismo en el asfalto. Y cuando intentaron levantarla, seguía encogida, como un langostino o algo así. Era su último hijo, MC, ¿sabes? El último

que le quedaba. Pero ¿sabes qué es lo jodido, MC? Que lo primero que pensé fue en Myra. En esa falda que llevaba el otro día. Oye, y por cierto, esta vez no fue culpa mía. Nos llevaron a todos. No fue culpa mía. Oye, MC, ¿podemos rezar?

–Ya sé que no fue culpa tuya. Nunca fue culpa tuya, Frank. ¿Lo sabes? Nada de esto ha sido culpa tuya. Es que no es tan simple. Y tú no estás mal. Sí, Frank. Recemos. Claro que sí.

–Vale, pero tienes que cerrar los ojos.

–Por supuesto.

¿Cómo –y por qué– acabó Frank otra vez metido en todo aquello? ¿Cómo es posible que pasara de barrer su habitación, rezar conmigo y salir rumbo al trabajo, a llamarme desde la cárcel en solo doce horas? ¿Qué pasó exactamente mientras yo lloraba encerrada en el baño? ¿Cómo pudo formar parte del ochenta y tres por ciento tan rápido? Las historias tienen capas, y esta tiene demasiadas como para poder contarlas todas aquí. Pero lo que quiero hacer ahora es aislar una capa concreta. Esa que tú, Frank, yo y todos los demás compartimos. Es la capa que explica por qué nuestra hipervigilancia nos deja atrapados en la oscuridad, y por qué, a veces, incluso elegimos volver a esa oscuridad, aunque sea justo lo contrario de lo que queremos (o decimos que queremos). Y también es la capa que esa noche sacó a Frank de la cárcel. Y una de las razones más importantes por las que no ha vuelto a entrar desde entonces.

LA HIPERVIGILANCIA Y LA RED DE MODO PREDETERMINADO

Hay algo humillante en el ser humano: creemos que nos conocemos. Hablamos de nosotros mismos como si fuera posible conocernos por completo. Como si no tuviéramos ángulos muertos. Como si nuestras motivaciones y nuestros comportamientos siempre nos resultaran claros y fueran siempre coherentes. La verdad es que el proyecto de ser humano es un proyecto de tropiezos, de descubrimientos y de transformación. Gran parte de nuestra psicología opera en segundo plano, de forma inconsciente y no verbal. El resultado es que no siempre nos conocemos a nosotros mismos ni nuestras motivaciones, por lo que a veces nuestro propio comportamiento nos desconcierta.

Nuestro comportamiento puede ser desconcertante de muchas maneras, pero lo que resulta especialmente interesante para los psicólogos es la forma en que nos aferramos a los bucles de pensamientos negativos y a las rumiaciones. ¿Por qué, cuando se nos da a elegir entre rememorar cualquiera de los miles de recuerdos positivos que tenemos, nos quedamos en la cama por la noche dándoles vueltas a los negativos, que son muchos menos? ¿Por qué nos centramos en ese comentario crítico negativo cuando hemos recibido tres veces más críticas elogiosas? ¿Por qué analizamos nuestras relaciones por pequeños desaires y fracasos en lugar de centrarnos en las muchas formas en que nuestras parejas nos demuestran su amor en silencio? ¿Por qué tantas personas que salen de prisión acaban volviendo a ella?

Resulta que gran parte del problema está en nuestra neurobiología. Concretamente, en la DMN,* una red de regiones cerebrales que se conectan entre sí para formar la red predeterminada. Comprender la DMN puede ayudarnos a ver cómo nuestra visión del mundo se ve marcada por la negatividad, cómo esto puede condicionarnos y cómo cambiarlo.

Cuando hablamos del cerebro, podemos referirnos a varias cosas diferentes: las estructuras cerebrales, el flujo sanguíneo entre esas estructuras, la actividad eléctrica y los circuitos, y la química cerebral. Cada uno de estos elementos mantiene una relación dinámica con los demás, pero puede ser útil aislarlos y hablar de ellos de forma independiente. Aquí nos centraremos en la actividad eléctrica y las estructuras cerebrales.

En términos muy básicos, la DMN es una red de regiones cerebrales conectadas por circuitos neuronales. Estos circuitos se activan juntos cuando nuestra mente se encuentra en reposo y no está concentrada en una tarea, como lavar la ropa o hacer galletas. Se cree que esta red es responsable de cualquier pensamiento autorreferencial, introspección y divagación mental. Los pensamientos autorreferenciales son aquellos en los que conectamos información del mundo exterior con nosotros mismos.

* N. del T.: Siglas correspondientes a *Default Mode Network* ('red de modo predeterminado').

Pueden ser positivos («¡El universo ha puesto esta canción en la radio en este momento solo para mí!») o negativos («Ese grupo de chicas al otro lado del patio se está riendo, seguro que de mí»). La introspección se produce cada vez que contemplamos nuestros propios pensamientos y sentimientos conscientes («Esa conversación con mi hermana me ha deprimido mucho y me cuesta mucho quitarme la tristeza de encima»). Y nuestra mente divaga cada vez que se desvía: puede que te encuentres fantaseando con un viaje a Italia mientras preparas la cena o recordando aquella vez que hiciste un viaje por carretera a la playa con tus amigos del instituto. Dado que la DMN es una red que se activa de forma más prominente cuando estamos en reposo, a veces se la denomina «línea de base» o «estado de reposo» del cerebro.

La DMN no se descubrió hasta finales de la década de los noventa y, como muchos descubrimientos que cambian el mundo, se encontró por pura casualidad. Cuando los investigadores realizaron estudios de imágenes cerebrales en la década de los cincuenta utilizando tecnología PET y MRI, observaron que los cerebros de los participantes permanecían activos incluso cuando no estaban realizando ninguna tarea. Suponiendo que la actividad cerebral que tenía lugar durante el reposo era solo «ruido», siempre la descartaban de los datos. Durante cincuenta años, ese ruido no se examinó. Es decir, hasta que un grupo de investigadores comenzó a preguntarse si podría haber una señal en ese ruido. Descubrieron que existía un patrón de actividad constante en todos los participantes, por lo que comenzaron a trazar un mapa de esta red y a teorizar sobre su propósito. Al final resultó que el ruido no era ruido en absoluto, sino una parte fundamental de lo que nos hace ser quienes somos.

Me imagino la DMN como un televisor que está siempre sintonizado en el mismo canal y se oye de fondo en el salón. Si estás hablando por teléfono con alguien, preparando la cena o trabajando en algo que requiere mucha concentración, no prestarás mucha atención a ese televisor. Pero en cuanto cuelgas, terminas de cocinar o archivas el último informe inútil de la oficina, la televisión empieza a hacerse mucho más perceptible. Es casi como si le subieras el volumen, aunque no lo hayas hecho. Que esté funcionando en segundo plano no significa que no sea importante: la DMN constituye la base de tu sentido de la identidad y de tu visión del mundo.

La DMN está formada por cinco estructuras cerebrales. Puedes imaginártelas como si fueran tus mejores colegas del instituto. La corteza medial prefrontal (CMP) es la avispada del grupo, la que trabaja a media jornada en la biblioteca, atendiendo en el mostrador. Es la que se encarga del pensamiento autorreferencial, de la introspección y de organizar la información en función de cómo te afecta a ti, a tus pensamientos y a tus emociones. Es la primera en darse cuenta cuando no estás bien, la que te pregunta qué te pasa... y probablemente ya tenga dos o tres teorías al respecto. Es a quien recurres cuando necesitas reflexionar antes de tomar una decisión o poner en orden una reacción emocional que no terminas de entender. La CMP es una amiga que conviene tener cerca.

La corteza cingulada posterior (CCP) es la amiga romántica y soñadora que se sienta al fondo de la clase y se pasa el rato garabateando el nombre de su pareja en la libreta. La CCP se encarga de recuperar recuerdos («¿Te acuerdas de cuando te hizo aquella *playlist*? ¡Qué maravilla!»), de la autorreflexión («¡Has madurado muchísimo desde que tienes una relación de verdad, de adulto!») y de fantasear despierta («¿Y si arreglamos una furgoneta vieja y cruzamos el país juntos?»). Para hacer todo esto, reúne información de distintas zonas del cerebro y la integra. Acudes a ella cuando necesitas entender cómo encajan las distintas piezas de una historia o cuando has olvidado cómo se sueña. A veces puede resultar un poco pesada, pero es imprescindible.

El precúneo es el artista y bailarín del grupo. Elegante, con estilo, siempre en armonía. Se le da genial crear imágenes mentales, ayudarte a procesar cosas y recuperar recuerdos. Se acuerda de que tus colores son los de invierno, que odias los vaqueros de tiro alto y que tu último novio te dijo que el naranja no te quedaba bien. Cuando pasáis tiempo juntos, te ayuda a reorganizar tu habitación y te enseña a bailar. (*Precúneo* suena a nombre raro, pero él lo lleva con orgullo; dice que es griego o algo así).

La corteza temporal lateral (CTL) es la escritora del grupo, rápida para procesar lo que vives y ponerlo en palabras, y con una gran sensibilidad para entender las relaciones sociales. Lo escucha todo y nunca olvida una cara. Tiene un papel fundamental en cómo entendemos a los demás y nos relacionamos con ellos, y cuando necesitas desahogarte o aclarar un encuentro confuso, ella es tu persona de confianza. «Vale, sí, no respondió al mensaje enseguida, es verdad..., pero nunca ha sido buena escribiendo por WhatsApp. Además, ¿te has fijado en cómo se pone cuando le salta una notificación? Yo creo que simplemente se le da mejor hablar cara a cara». A veces, la CTL es quien te salva de tus peores impulsos.

Y por último, aunque para nada menos importante, tenemos al hipocampo, que es el historiador del grupo. Es el amigo que lo recuerda todo. Conserva recuerdos tuyos desde que tenías cinco años y puede sacarlos cuando haga falta. «No, no, no –podría decirte–, esas gafas redondas de carey las llevabas en primero de primaria. No te pegan nada. Mejor unas azul marino, con forma más rectangular». Es a quien acudes cuando intentas recordar cómo se llamaba aquella profesora de inglés de segundo de primaria que era tan rara, o si de verdad discutiste con tu madre sobre apuntarte a las Girl Scouts o lo viste en una peli. El hipocampo es tu disco duro humano.

Cada uno de estos amigos tiene una personalidad propia, pero juntos forman una visión completa y coherente del mundo. Han crecido en el mismo entorno, han vivido experiencias parecidas y comparten opiniones y valores. Si tuvieras un lío sentimental y les pidieras consejo durante la comida, probablemente recibirías respuestas bastante alineadas, aunque desde distintos puntos de vista. Y, al igual que pasa con un grupo de adolescentes, la DMN también puede dejarse *influir*.

Como son tus amigos incondicionales, se toman muy en serio protegerte. Por eso se dejan influir tan fácilmente por las experiencias negativas. Sus intenciones siempre son buenas, pero a veces pueden pecar de sobreprotectores. Quizá olvides todos los malos momentos que pasaste con Jason mientras salías con él porque «¡vamos!, ¿has visto qué ojos tiene?», pero ellos te los recordarán enseguida y de forma inequívoca para que no cometas el error de volver a meterte en esa relación tóxica. Esto se puede convertir en algo difícil de manejar. Pronto podrías empezar a sentir que no confían en ti a la hora de tomar tus propias decisiones, y que tienes que dejar de correr riesgos para complacerlos.

Así es tu DMN. Estas estructuras del cerebro, conectadas entre sí, te dicen constantemente quién eres, dónde estás, cómo es el mundo y cómo debes moverte en él. Aunque en su mayor parte funciona en segundo plano, eso no significa que su influencia sea menor.

Entonces, ¿por qué eres tan negativa, DMN?

Desde un punto de vista evolutivo, el cerebro está programado para buscar la seguridad y la previsibilidad, por lo que automáticamente graba las experiencias y situaciones negativas, ya que esto nos da una ventaja para la supervivencia. Cuanto más recuerdas lo que puede representar una amenaza, más probable es que lo esquives. Pero si te enfocas solo en eso, en lo que puede salir mal, corres el riesgo de perderte el momento y todo lo valioso que podría traerte. Muchas de las áreas clave involucradas en la DMN están relacionadas con la memoria. Estas áreas registran y archivan las malas experiencias y, a medida que avanzas en la vida, la negatividad comienza a acumularse como las botellas vacías después de las fiestas de Navidad. Recuerda cómo los pensamientos autorreferenciales pueden ser positivos («¡El universo ha puesto esta canción en la radio en este momento solo para mí!») o negativos («Ese grupo de chicas al otro lado del patio se está riendo, seguro que de mí»). Si has atravesado muchas experiencias difíciles, es probable que tu mente tienda de forma automática a enfocarse en las preocupaciones y pensamientos pesimistas. Empiezas a ver el mundo y a los demás con una mirada cargada de escepticismo. Tus pensamientos más profundos se ven dominados por la ansiedad y por los recuerdos dolorosos del pasado. Esta inclinación genera bucles mentales que se retroalimentan, atrapándonos en patrones repetitivos, de rumiación y estériles. Estos ciclos pueden asfixiar la esperanza y la alegría, pero solo si se lo permites.

¿Recuerdas la analogía de la televisión? Si ese televisor estuviera encendido y al máximo volumen, te resultaría muy difícil hacer cualquier otra cosa que tuvieras que hacer: preparar la cena, hablar por teléfono o trabajar. Eso es lo que ocurre cuando hay mucha negatividad circulando por tu DMN. Es ruidosa e intenta llamar tu atención para recordarte que el mundo es peligroso, por lo que se vuelve imposible concentrarse en cualquier otra cosa. Como la esperanza. Y la alegría.

¿Sabías que la palabra *negativo* proviene de la raíz *negar*, que significa 'rechazar'? Cuando tu DMN está atrapada en un patrón de rumiación despiadada, repasando cada error que has cometido e imaginando lo peor que te puede pasar, te está negando tu derecho a la esperanza y la alegría. Te está condenando a múltiples cadenas perpetuas dentro de tu mente. Pero hay buenas noticias: la DMN se puede reajustar. Así que, cuando está ejecutando un guion negativo y aterrador y nos impide conectar con la alegría, podemos perdonarnos a nosotros mismos. Lo único que tenemos que hacer es aprender a activar un modo diferente para cambiar el enfoque. Esto requiere intención y un poco de compromiso, pero no es tan difícil como podrías pensar.

Frank sale de la cárcel al poco tiempo. No había hecho nada; la policía había detenido prácticamente a todos los que estaban presentes para intentar controlar la situación. Nuestra siguiente sesión es en persona. Quedamos en un Starbucks y nos sentamos fuera, en unas sillas de acero incómodas.

—Hoy he salido al coche, MC, y había cuatro cuervos sobre el capó. Cuatro, MC. ¿Sabes lo que significa eso?*

* N. del T.: Frank alude a una antigua rima popular inglesa sobre cuervos, que interpreta como un oscuro presagio: *One for sorrow, two for joy, three for a wedding, four for a death, five for silver, six for gold, seven for a secret*

–Espera..., creo que sí... Uno es por la pena, dos por la alegría, tres por una boda y cuatro por... ¿es por una muerte?

Frank asiente despacio, con la cabeza gacha, las dos manos abrazando su taza de café como si estuviéramos en pleno invierno en Nueva Inglaterra. Estamos sentados bajo una palmera enorme, y aun así, a la sombra, deben de hacer al menos treinta y tres grados.

–La muerte, MC. Me sigue. Está por todas partes aquí fuera. Cuando estaba dentro, lo único que quería era salir. Sentir el sol, ir a la playa, sentarme en un restaurante, conducir mi coche. Aquel día, cuando vinieron a decirme que ya era hora de salir, ni siquiera recogí mis cosas, MC. Tenía miedo de que si me entretenía –si me daba la vuelta, aunque fuera un segundo– se arrepintieran. Pero me sigue. La muerte me sigue. Siento que me sigue. Y siento que siempre lo hará.

Se estremece.

La DMN de Frank ha estado muy influenciada por la oscuridad. Su DMN no es un grupo de amigos del instituto, es una pandilla de delincuentes. Sus miembros lo iniciaron a los siete años y le hicieron creer que el mundo era intrínsecamente violento, peligroso y oscuro. Así que, a los siete, empezó a creer que ser más violento, más peligroso y negativo era la única forma de sobrevivir. La

never to be told ('Uno por la pena, dos por la alegría, tres por una boda, cuatro por una muerte, cinco por la plata, seis por el oro, siete por un secreto que nunca has de contar').

hipervigilancia era el único camino que seguir, la única seguridad que se le ofrecía. Así, este ladrón de alegría se convirtió en el jefe de la banda DMN y dictó cómo debía vivir Frank durante cuarenta y tres años: atento, cauteloso y preparado para la próxima desgracia. Eso fue hasta que salió de prisión y toda la bondad y la libertad del exterior lo engañaron y le hicieron bajar la guardia. Empezó a dormir bien y a disfrutar de los sándwiches del desayuno. Y su DMN no puede permitirlo; es demasiado peligroso. Así que intenta protegerlo negándole el acceso a todo lo bueno que ha encontrado en el mundo.

Frank necesita protección, pero no del mundo, sino de esa pandilla liderada por la hipervigilancia que hay dentro de su cabeza. Necesita protección de su propia DMN y, en este momento, debo admitir que no tengo ni puta idea de cómo hacerlo. Frank ya está haciendo todo lo correcto. Desde que salió, ha estado luchando con gratitud, oraciones, su escoba y Egg McMuffins.* Está trabajando y asistiendo a reuniones. No piensa volver adentro. Pero, desde que mataron a Jimmy, la DMN de Frank no hace más que decirle que no es suficiente. Los dos sentimos ese tirón. Es una situación delicada. Tenemos que reajustar la DMN de Frank para sacarlo de ese estado de hipervigilancia, y *rápido*, o ese ochenta y tres por ciento acabará alcanzándolo.

---

* N. del T.: *Egg McMuffin* es el nombre de un popular sándwich de desayuno vendido por la cadena McDonald's.

–Vamos a pasear por la playa –le digo–. El atardecer va a ser una preciosidad.

Frank levanta la vista, y por una fracción de segundo vuelve a tener luz en los ojos.

–Vale, MC, ya veo lo que estás haciendo, ¿eh? –dice. Y vuelve a apagarse.

Me vale. Con una fracción de segundo me las apaño.

El paseo marítimo de Manhattan Beach está a tres manzanas, así que bajamos andando, pasando junto a filas de casas de cristal que cuestan millones de dólares. Frank y yo formamos una pareja curiosa. Él me saca más de treinta centímetros y lleva más tatuajes que años tengo yo de vida. Caminamos por el paseo y nos detenemos frente a una casa enorme, justo en la playa, con ventanas de suelo a techo teñidas de azul eléctrico y esculturas de personajes de Disney, a tamaño real, en cada uno de sus tres balcones. Parece un centro comercial de los años noventa, abandonado.

Nos quedamos un momento mirando, fascinados, y de pronto los dos nos echamos a reír. En un instante, Frank está doblado por la risa, con lágrimas rodándole por las mejillas.

–¡La gente rica, MC! ¡La Gente Rica! ¡Eme Ceeeee!

Estoy tan agradecida por el momento –la ligereza, la risa, el cambio, la confianza– que yo también acabo llorando de risa. Cuando por fin dejamos de reír-llorar y volvemos a caminar, me lanzo.

—Sé que sientes que la muerte te está siguiendo. Y si te sirve de algo, yo también lo siento. A mí también me da miedo. Pero que te siga no significa que sea lo único que hay. Todo esto también está aquí. Todo ocurre en el mismo día. A veces, en la misma hora. Incluso en el mismo minuto. Nos damos cuenta de lo malo porque hace mucho ruido cuando nos persigue, ¿sabes? Pero lo bueno..., lo bueno no corre detrás. Lo bueno se queda quieto. Es más silencioso, no pelea por tu atención. Por eso tenemos que fijarnos en ello. Cuando solo miramos lo que nos persigue, nos perdemos tantas cosas...

—Se llevaron a Jimmy.

—Lo sé.

—Su madre...

Se detiene y luego se para frente a un banco con forma de concha marina y se sienta, mirando fijamente al mar. Nos quedamos allí sentados unos minutos, observando a la gente que camina por la arena, juega al voleibol y bebe cerveza, o se sienta a leer revistas al sol. Ambos pensamos en la madre de Jimmy, retorcida sobre el cemento, gritando. Frank me mira al cabo de unos minutos y su semblante vuelve a iluminarse.

—MC, ¿sabes por qué cantan los pájaros por la mañana?

Parece algo incongruente, pero ambos estamos perdidos en este momento, así que ¿por qué no?

–¿Sabes? Nunca lo había pensado en toda mi vida. No tengo ni idea de por qué.

–Cantan para hacerse saber unos a otros que han sobrevivido a la noche.

Miro a Frank. Estoy tan impresionada por la belleza de ese hecho, y por descubrirlo en ese momento y de esa manera, que no digo nada.

–¿No es precioso? En cuanto se despiertan, pío, pío, pío, ¡eh, chicos, sigo aquí! ¿Quién más? ¿Alguien quiere un sándwich para desayunar? –Nos reímos.

–¿Cómo demonios sabes eso?

–Oh, solía criar palomas en el jardín.

–¿Palomas?

–Sí. Ya sabes, palomas torcaces. Son muy dulces. Y fieles.

Hay algo en la imagen de ese pajarito diminuto en el enorme guante de Frank que vuelve a centrarlo todo. Los aspectos positivos y negativos de esta hipervigilancia: el tipo de atención que mantiene vivos a los polluelos y el tipo que engaña a Frank, haciéndole creer que la oscuridad es lo único que existe. Sí, necesitamos reajustar su DMN. Con algo distinto a la falda de Myra esta vez. Y parece una tarea enorme –una revisión de tal magnitud que exigiría justo lo que no tenemos–, pero quizá eso también sea una ilusión. Al fin y al cabo, que los humanos sepamos medir cosas no significa que comprendamos su magnitud. Quizá sea un trabajo enorme que requiera pequeños pasos en lugar de grandes. Pasitos repetidos una y otra vez, más como un ninja que se acerca sigilosamente a su víctima que como un batallón que marcha hacia la ciudad. Una respuesta tan obvia e insignificante que parecerá ridícula. Así es como crecemos: poco a poco, paso a paso, con esfuerzo. No nos damos cuenta de esto porque las historias que nos gusta contar sobre el crecimiento son mucho más grandiosas. Pasamos por alto las historias de sangre y sudor y nos centramos en las descripciones de las cimas y los picos que finalmente alcanzamos. Pero eso no es todo. De hecho, suele ser solo una pequeña parte de la historia. El verdadero viaje reside en lo pequeño. La decisión que tomaste de hacerte más fuerte. Todos esos días que fuiste al gimnasio y corriste, montaste en bicicleta, escalaste o levantaste pesas, la mayoría de los días exactamente lo mismo, algunos un poco menos y otros un poco más. ¿Y recuerdas las estalactitas y las estalagmitas?

El trabajo de reconfigurar el cerebro no siempre es emocionante. Pero es posible. Y eso sí que es emocionante.

—Esto es lo que vamos a hacer, Frank. Vamos a darle la vuelta a la tortilla.

—¡Rebelión, MC! ¡Eso sí que es bueno! ¡Me encanta!

—Escucha: puede que la oscuridad nos esté persiguiendo, y no hay mucho que podamos hacer con eso. Va a pasar. Las muertes seguirán llegando, nos guste o no. Pero también te digo una cosa: ¡que le den! No vamos a cargar con el duelo de mañana. En vez de eso, vamos a girarnos y a correr hacia la luz. Vamos a recoger toda la luz que podamos. Cada día. Toda la que encontremos. Vamos a atraparla como si fueran luciérnagas en un tarro. La dejaremos en la mesilla de noche. Y con el tiempo, tendremos tanta luz que la oscuridad acabará buscando a otro a quien perseguir. Porque sí, hay cuervos en el coche. Pero también hay palomas en el patio. Palomas que tú has criado. Y las palomas también están ahí. Solo que no hacen esas cosas inquietantes que hacen los cuervos.

–Cuenta conmigo, MC –dice Frank riéndose– ¡Al cien por cien!

Este es uno de los recursos que Frank y yo ideamos juntos. No puedo asegurar que fuera lo que lo mantuvo en su trabajo y fuera de la cárcel, pero sí que lo ayudó a sacudir su DMN y a dejar atrás esa visión del mundo centrada en la negatividad y la obsesión. Y eso le dio una base mucho más sólida. Trabajar en esa base no es tan atractivo como decorar toda la planta baja y presumir de ello en Pinterest, pero sin base... no tienes ni casa.

~~MINDFULNESS~~ ASOMBRO PROFUNDO ANTE LOS MOMENTOS EN QUE LA MUERTE TE PISA LOS TALONES

Cuando escribí por primera vez este capítulo, incluí un ejercicio sencillo de mindfulness. Pero el caso es que probablemente ya sabes lo que es el mindfulness o, lo que es lo mismo, la atención plena. Te lo han explicado Ram Dass, Thich Nhat Hanh, Oprah y cada experto en *marketing* reciclado en yogui que te sale en Instagram. Y casi todo lo que has leído sobre el mindfulness seguramente sea cierto. Se trata de una herramienta increíblemente poderosa que puedes incorporar a tu vida diaria con la misma facilidad con la que integras unos arándanos en la masa de un bizcocho. Convertir algo tan simple como fregar los platos en un momento de atención plena cambió por completo mi rutina de las noches.

Sin embargo, si queremos sacudir la red neuronal predeterminada (DMN), necesitamos algo más que atención plena. Especialmente cuando los cuervos se amontonan sobre los capós de nuestros coches para recordarnos que la muerte nos persigue.

Y aquí es donde entra en escena el asombro profundo.

Trabajar con estos chicos durante los dos años que lo hice fue una experiencia tan intensa que me dejó sin palabras durante casi cinco. Incluso ahora me cuesta encontrar la forma de explicarlo. Fue como arder por dentro. Llevaba siete años trabajando como *coach*, y la mayor parte del tiempo sentía que lo hacía desde una especie de trinchera: trabajaba con personal de emergencias, veteranos, víctimas de abusos brutales..., y ninguno de ellos había aprendido nada útil sobre el trauma. Aun así, estas trincheras eran distintas. No porque exista una jerarquía del trauma que haga que sanar sea más difícil, sino porque ninguno de mis antiguos clientes se enfrentaba, además, a unas estadísticas tan devastadoras sobre su futuro mientras trataba de sanar.

Ese ochenta y tres por ciento me despertaba a las 3:47 de la madrugada. Enroscado en mi almohada como una víbora, susurrándome al oído.

Sé que, según algunos parámetros, el trabajo que realizábamos era útil. De los cuarenta chicos con los que trabajamos durante dos años, solo dos reincidieron. Los ayudamos a encontrar empleo y alojamiento, y a consolidar su situación. No solo hacía falta un pueblo, sino también un pequeño ejército.* Colaboramos con organizaciones de servicios sociales, empleadores y defensores. Así que creo que es justo suponer que tuvimos un impacto positivo. Pero cada día que trabajaba con ellos, sentía que la balanza se inclinaba demasiado hacia el lado equivocado: yo recibía mucho más de ellos de lo que podía darles.

Cada uno irrumpió en mi vida y reconstruyó una parte de mis cimientos agrietados. En lugar de dolor, duda y sufrimiento, me llenaron de pureza, respeto y fe. En cada conversación, mientras yo me esforzaba por ayudar, ellos nivelaban el suelo bajo mis pies, como si alisaran el hormigón sin esfuerzo, cuidando de que no quedaran burbujas de aire. Y yo ni siquiera les había dicho que estaba rota. Simplemente lo sabían.

---

* N. del T.: Hace referencia al famoso proverbio africano «para educar a un niño hace falta una tribu entera», que resalta la necesidad del apoyo comunitario en la crianza y educación de los niños.

Creo que me costó tanto escribir sobre este trabajo porque me dejó sin aliento, por la sensación de profundo asombro que me provocó. Me dejó atónita, sin palabras, y con una forma de amor de la que nunca me recuperaré. Fue como la primera vez que vi el cielo estrellado de Nuevo México después de vivir veinticuatro años en el bullicioso noreste. O como entrar en la UCI donde mi padre acababa de sufrir un derrame cerebral y darme cuenta de que, al morir, *realmente dejamos el cuerpo atrás*. O mirar el perfil montañoso de Colorado y pensar, por un momento, que debía de ser un decorado. Ese tipo de asombro te deja sin respiración, te vacía la cabeza, detiene el mundo.

¿Y sabes qué más hace ese asombro? Pulsa el botón de reajuste de tu DMN.

El asombro profundo –esa sensación que te sobrecoge por dentro– nos devuelve a un estado más básico, más limpio, anterior a cuando la preocupación y la negatividad empezaron a ocuparlo todo en nuestra mente. Nadie sabe del todo por qué, al menos todavía. Pero lo que sí sabemos es que cuando las personas sienten algo así, el ruido mental de la red neuronal baja de golpe.[1] De hecho, la DMN se apaga por un momento, como si pulsaras «reiniciar». Y cuando vuelve a funcionar, las conexiones están menos bloqueadas, menos atrapadas en lo de siempre. Esa apertura da espacio a nuevas conexiones y nos ayuda a soltar parte de la negatividad.

Yo no le enseñé nada a Frank; solo le recordé algo que ya sabía. Algo que, en realidad, él me había enseñado a *mí*.

Y luego lo convertí en tarea. Le pedí que se empapara por completo de ese asombro, que se maravillara todo lo que pudiera, cada día. Y que luego me contara cómo le iba.

Frank, como era de esperar, *no* pierde el tiempo y se tomó esto más en serio de lo que yo jamás hubiera imaginado. Se fue de acampada para ver las estrellas fuera de Los Ángeles («¡Siempre pensé que eso era un *hobby* de blancos!»), puso el despertador y se fue a la playa al amanecer y volvió al atardecer solo para ver cuál era mejor («El amanecer, MC, pero qué idea tan romántica llevar a una chica especial al atardecer, ¿me entiendes?»), un partido de fútbol americano en la LMU* con sus primos («¡Toda esa gente gritando la misma consigna al mismo tiempo!»), el Observatorio Griffith por la noche («Los Ángeles es tan bonito así iluminado. Incluso las partes sucias») y el Museo Broad («El Basquiat me dejó boquiabierto. No podía ni moverme»). En cuestión de semanas, parecía que los cuervos se habían ido. Frank estaba más alegre, renovado. Podía sentir cómo se fortalecía su resiliencia. Se preocupaba menos, y yo también. Probablemente los cuervos seguían allí, revoloteando inquietantes. Pero ya no les prestábamos atención, y eso lo cambió todo.

Gracias a su actitud abierta y receptiva, Frank descubrió rápidamente lo que algunos de nosotros rechazamos, que es que lo asombroso nos rodea en todo momento. Solo tenemos que sintonizar con ello. De hecho,

* N. del T.: *Loyola Marymount University*, una universidad privada católica ubicada en Los Ángeles (California).

las investigaciones respaldan lo que Frank ya sabe: hay al menos ocho fuentes de asombro con las que podemos encontrarnos en nuestra vida cotidiana. No hace falta hacer un viaje con ayahuasca para descubrirlo (por favor, no lo hagas). Las ocho fuentes que se han identificado son la belleza moral de los demás, que es lo que sentimos cuando vemos a alguien haciendo algo bueno; el movimiento colectivo, como cuando bailas en la cocina con tus hijos o vas a una clase de yoga; la naturaleza, que puedes encontrar simplemente abriendo la ventana; el diseño visual; la música; la espiritualidad; las grandes ideas, y el encuentro con el principio y el final de la vida.[2] El asombro está en todas partes. Y es el antídoto de la hipervigilancia.

Así que esta es la herramienta que te ofrezco: encuentra imágenes, experiencias o arte que te hagan sentir ese asombro que te deja boquiabierto y déjate llevar por él. Observa cómo se restablece tu DMN. Primero, debes descubrir qué te produce esa sensación.

COMBATIR LA HIPERVIGILANCIA CON ASOMBRO

Paso 1) Busca un lugar tranquilo. Siéntate cómodamente y cierra los ojos. Reflexiona sobre lo que significan para ti los términos *asombro* y *maravilla*. ¿Qué te evocan estas palabras? ¿Cómo las sientes al decirlas? ¿Qué recuerdos te vienen a la mente cuando piensas en ellas? Si los conceptos te parecen demasiado amplios, intenta reducirlos a su mínima expresión.

Cuando pienso en asombro, inmediatamente recuerdo las pocas veces que me quedé boquiabierta ante la naturaleza: cuando estaba en la cima de una montaña en Colorado o vi un cielo completamente lleno de estrellas en el desierto de California. Si le «bajo la intensidad» a esta sensación, recuerdo la serie documental que acabo de ver sobre los pingüinos africanos (también conocidos como pingüinos burros, no, no es broma). Cuando pienso en una experiencia maravillosa, me acuerdo de las iglesias antiguas que visité en Italia y de los cementerios antiguos de Massachusetts. En un plano más cercano, recuerdo cómo me dejó sin aliento la nueva canción de Billie Eilish la primera vez que la escuché y cómo una conversación con mi amigo Chris sobre la vida después de la muerte me hizo maravillarme por el hecho de que ambos podemos estar vivos juntos en la misma línea de tiempo. Cuando tu mente divague sobre estos conceptos, comprométete a estar abierto a experiencias que te hagan sentir asombrado y maravillado en los próximos días. (Y no, no necesitas montañas de cuatro mil metros).

Paso 2) Durante toda una semana, busca experiencias o lugares que puedan inspirarte esa sensación. Esto podría ser respirar profundamente mientras friegas los platos y dejas que el agua caliente te bañe las manos, dar largos paseos por el bosque, ver cómo la niebla cubre el paisaje, escuchar con atención esa canción que suena en tus auriculares, sentarte en lugares de culto silenciosos, ir a museos y perderte en las obras de arte, tomar una ruta diferente a la habitual para volver a casa, preparar algo para cenar que lleve mucho tiempo pero que te encante, o ver documentales sobre los pájaros carpinteros. Cualquier cosa.

Paso 3) Cada vez que te encuentres en una situación que te llene de asombro, haz una pausa. Deja el móvil. Respira profundamente. Observa tu entorno, obsérvalo de verdad. Presta atención a cómo se siente tu cuerpo. ¿Te sientes centrado? ¿Con energía? ¿Esa maravilla te hace sentir pequeño? ¿Enorme? Si esta parte te da miedo o te resulta extraña, no eres el único. Vivimos en una cultura que no valora el hecho de hacer una pausa, y mucho menos de conectar con nuestro cuerpo. Empieza con una o varias de estas preguntas:

¿Qué detalles de mi entorno nunca había notado antes?
¿Cómo cambia la escena con la luz?
¿Qué sonidos puedo oír si escucho con atención?
¿Cómo responde mi cuerpo a estas sensaciones?

Paso 4) Escríbelo. Después de la experiencia, escribe lo que fue en la parte superior de la página y luego déjate llevar y escribe libremente sobre ello. Por ejemplo, «Cielo nocturno», y escribe lo que surja, sin importar si tiene sentido o si alguien entenderá lo que has escrito, ni siquiera te preocupes por si lo que escribes son frases. Simplemente escribe. Al final de la semana, revisa las entradas de tu diario. Ahora, mirando atrás, ¿qué te ha sorprendido? ¿Ves algún cambio en tu forma de pensar o de sentir?

Te alegrará saber que Frank superó las adversidades. Han pasado más de cuatro años desde que salió y sigue fuera. La mayoría de los chicos con los que trabajamos siguen fuera. No es fácil, pero muchos de ellos tienen varios trabajos, ayudan a otros chicos que salen de prisión y compran bocadillos para desayunar a quien los necesita.

Homeboy Industries, una de las organizaciones con las que trabajamos, es una entidad sin ánimo de lucro que ofrece esperanza, formación y apoyo a exmiembros de bandas que han pasado por prisión. A cualquiera que cruce sus puertas se le recibe con los brazos abiertos y se le brinda todo el apoyo que necesita. Dirigido por el sacerdote jesuita Greg Boyle, allí se respira un ambiente de respeto, de asombro y reverencia. Uno de los rituales diarios que mantienen el lugar centrado y en sintonía es el llamado «pensamiento del día». A las nueve en punto, suena una campana, todos se reúnen en la sala principal y se le pasa un micrófono a alguien para que hable de lo que se le ocurra. Lo que sea.

El 28 de abril de 2021, Homeboy volvió a abrir sus puertas tras permanecer cerrado durante un año debido a la pandemia. A las nueve de la mañana, sonó la campana y el padre Greg le pasó el micrófono a Robert, exmiembro de una pandilla. Robert llegó a Homeboy al salir de la cárcel y, desde entonces, lleva catorce años trabajando en la organización y colaborando con ella. Habló de cómo la capacidad de asombro tiene el poder de transformarnos, si nos abrimos a ella. De todas formas, Robert es mucho más elocuente que yo, así que le voy a pasar el micrófono:

> Buenos días. Bien, parece que me toca hablar el primer día. ¿Y sabéis qué? Tiene gracia, porque cuando tuvimos que cerrar por la pandemia, yo fui quien hizo la oración de despedida, y recuerdo que dije: «Esto también pasará». Por eso, para mí es un honor compartir la reflexión de hoy en este día de reapertura.
>
> Hoy vine en tren, y he alucinado escuchando a un predicador que decía: «Contemplad, asombraos, maravillaos» [...] Se trata de abrir el corazón, de abrirlo al proceso. Sabéis que este proceso tiene muchas etapas, pero cuando uno se entrega de verdad [...] Os pido que hagáis lo mismo: que os abráis, que acojáis este espacio de gracia y dejéis que os transforme. Veréis las maravillas que este lugar hace con cada uno de nosotros, ¿sí? Así que eso: contemplad, asombraos y maravillaos.[3]

Ya lo has oído: contempla, asómbrate y maravíllate.

CAPÍTULO 3

Anestesia emocional: dar sentido a lo que no lo tiene

El romance y la poesía, la hiedra, los líquenes y las violetas silvestres necesitan de las ruinas para crecer.

–Nathaniel Hawthorne

El terapeuta de Richie no lo entiende, o al menos, eso es lo que él me dice en nuestra primera sesión. Me encontró por Internet y asegura que, en realidad, no ha pasado por ningún trauma, pero cree que yo quizá sí pueda entender lo que le pasa. Siente que su proceso se estancó, que todo se ha vuelto un poco plano, sin profundidad. En teoría, Richie está bien; sin embargo, hay algo que no termina de encajar. Algo que falta. Y así empezamos.

Richie tiene veintitrés años y es tan encantador que es difícil no sonreír mientras habla. Es sincero y, sin pretenderlo, muy gracioso. Me gustaría adoptarlo, pero probablemente no sería apropiado. Su vida no tiene nada de especial. Creció en un bonito barrio residencial con unos padres que lo querían. Su padre era director de *casting*, así que Richie se pasó prácticamente toda su vida viendo películas o hablando de ellas. Era un niño activo y feliz, pero las cosas empezaron a cambiar de forma casi imperceptible cuando sus padres se separaron. Él tenía diez años, y el mundo se volvió poco a poco más sombrío de una forma que le costaba describir. Se puede ver cómo se apaga la luz de sus ojos en las fotos de su infancia, que le pedí que trajera cuando me comentó que le resultaba muy difícil entender por qué esos recuerdos felices lo entristecían tanto.

El problema de Richie es que era un niño con sentimientos muy intensos y no tenía a nadie con quien compartirlos. Así que los reprimió, se adaptó y siguió adelante, pasando por el instituto y la universidad, hasta llegar a su primer trabajo soñado. El trabajo soñado que tanto él como su padre habían deseado para él desde que tenía seis años. Lo que pasa cuando das el salto directamente a tus sueños es que casi siempre hay una distancia desconcertante entre el sueño que has tenido en tu cabeza toda tu vida y la realidad de ese sueño. Richie estaba decepcionado y no entendía por qué. Se sentía agotado y estresado, y además su novia lo había dejado. Siguiendo con el tópico, ella era la chica de sus sueños, y la ruptura le pilló por sorpresa. Entonces fue como si toda la oscuridad que nadie le había ayudado a superar desde los diez años, todos los sentimientos confusos que había reprimido, salieran a la superficie de golpe y la vida le pareciera insoportable. Así que intentó suicidarse. Tres veces.

Todas las tentativas fueron infructuosas, pero tres es una pauta, y de repente Richie y todos los que formaban parte de su vida tuvieron que aceptar el hecho de que *de verdad* tenía una enfermedad mental y que llevaba mucho tiempo sufriéndola. En nuestra cultura no tratamos de la misma manera las enfermedades mentales y las físicas. En su mayor parte, aceptamos las dolencias físicas. A veces incluso las convertimos en virtud: llamamos valientes a los supervivientes de cáncer y nos referimos a sus enfermedades como batallas. Sin embargo, el suicidio es demasiado oscuro para nuestra sociedad, mucho más para hablar de él. Decimos que nos cuesta hablar de eso porque es algo tan poco común que no sabemos qué decir, pero eso es una tontería. Nos cuesta hablar de ello porque desgraciadamente es tan universal que la única forma de intentar evitarlo es convertirlo en tabú. Este es un grave error y pone en peligro la vida. No hay idea más peligrosa que una que se ha convertido en tabú.

En cierto modo, entiendo el punto de vista de Richie. Al menos, entiendo la parte en la que el mundo puede parecer de repente completamente insoportable. Unos seis meses después de la muerte repentina de mi padre, empecé a sufrir ataques de pánico *implacables*. Me daban en cualquier momento y eran tan intensos que a menudo me tiraba al suelo, agarrándome a cualquier cosa. Me sentía tan mal que empecé a temer por mi vida. No porque *quisiera* morir, sino porque estaba convencida de que me suicidaría solo para que dejara de pasar. Lo que empeoraba aún más las cosas, y, sinceramente, me ponía en mucho más peligro, era que hablar de esos ataques me parecía más imposible que pasar por ellos.

Antes de profundizar en la historia de Richie, necesito que sepas algo. Cualquiera que intenta suicidarse lo hace porque cree con todas sus fuerzas que no hay *otra opción*. Que no hay forma posible de continuar. Parte de la devastación que supone perder a alguien por suicidio es que puedes creer con todas *tus* fuerzas que *había* muchas otras opciones. Quienes sobreviven a un intento de suicidio siguen lidiando con parte de esa misma devastación. Te quedas con la responsabilidad de responder por ti mismo y por aquellos que murieron por suicidio. Y todos se hacen la misma pregunta: «¿Por qué?». Creemos que si pudiéramos entender el «porqué» del suicidio, conseguiríamos impedirlo. Si pudiéramos entender alguna razón sólida y justificable, no sería tan aterrador. Pero esta es la verdad: no hay un «porqué» sólido y justificable, al menos no uno satisfactorio.

Richie sigue buscando sus propias razones, y ni siquiera él las encuentra satisfactorias. Este es el punto muerto, lo que te mantiene estancado. ¿Por qué intentaste quitarte la vida, y tres veces? ¿Qué pudo haber sido tan malo como para llevarte a ese extremo, y cómo *puedes confiar* en que el próximo mal día no será el que te empuje al abismo?

Era el trabajo de mis sueños. Y creo que justo por eso me daba tanto miedo. Era muchísima más responsabilidad de la que estaba preparado para asumir, pero pienso que si me hubiera tomado un descanso, tal vez habría podido volver [...] En cuanto a Kelsey..., siempre sentí que estaba muy por encima de mí, la verdad. Nunca entendí qué veía en mí. Y esas dudas hicieron que me portara bastante mal con ella. Así que, al final, no debería haberme sorprendido que rompiera la relación.

Richie ya no tiene pensamientos suicidas. Pero eso no significa que esté bien. Se siente estancado y apagado. Cada vez que parece que el avión va a despegar, vuelve a caer. Seguimos repasando los éxitos y las señales de vida. Objetivamente, está muy bien. Tiene una vida estable, un grupo de amigos estupendo, una nueva carrera profesional, y no solo es capaz de llevarlo todo adelante, sino que además sigue ascendiendo. Tiene una nueva novia. Sin embargo, cuando le suceden cosas buenas, no *las siente* como tales. Una vez, al principio de una sesión, me dice que ha conseguido el segundo gran ascenso en un año en el trabajo que no creía que fuera a conseguir.

—¡¿Ascendido?! ¡¿Otra vez?! ¡Richie, eso es increíble! —casi grito mientras me lo cuenta, levantando los brazos para celebrarlo.

—Sí —responde él, sin el menor entusiasmo—. Supongo que no pasa tan seguido... o algo así.

Me resulta cien veces más fácil celebrar por Richie que a él celebrarlo por sí mismo. Ninguno de sus logros le impacta. Nada le emociona. De hecho, todo le trae sin cuidado y tiene miedo de que, si no logramos entender por qué, va a terminar exactamente donde empezó: solo, a oscuras, con un frasco de pastillas en la mano. Y le tiene miedo a la oscuridad. Lo que nadie te dice sobre tenerle miedo a la oscuridad es que, si no lo enfrentas, acabas teniéndole miedo también a la luz.

Cuando algo nos da miedo, nuestro impulso inmediato es apartarnos. Mirar hacia otro lado. Bajarle el volumen a lo que sentimos. A veces, la única forma de sobrellevar ese miedo es anestesiarlo. Nos anestesiamos con distracciones, con dramas, con alcohol, con Xanax, con nuestro propio agotamiento. Y como ocurre con muchas de nuestras adaptaciones, hay algo de ingenioso en esto. No podemos tolerar lo que sentimos, así que encontramos lo que sea que nos ayude a silenciar esas emociones. A eso se le llama anestesia emocional, y es el ladrón de la alegría que se instaló en el apartamento de Richie como ese amigo medio desastroso que te pidió quedarse unos días en el sofá y lleva semanas diciendo que mañana, ahora sí, va a salir a buscar trabajo. Es un mecanismo de protección que el cerebro activa para protegernos de lo que nos desborda. Es completamente natural y, muchas veces, incluso vital: nos permite seguir funcionando cuando nuestras emociones son demasiado intensas para soportarlas. Pero esta forma de afrontamiento tiene un coste importante cuando se prolonga excesivamente: no distingue qué emociones bloquea. Cuando nos anestesiamos para no sentir la oscuridad, también nos cerramos a la luz.

El cerebro humano no está hecho para anestesiar solo las emociones negativas. Cuando intentamos apagar la tristeza, el miedo o la rabia, también se apagan, sin querer, la alegría, el amor y el entusiasmo. Por eso, personas como Richie, que han vivido un dolor emocional profundo, muchas veces describen que se sienten «apagadas» o «vacías», incluso cuando, desde fuera, todo parece ir mejor. No es que Richie no vea las cosas buenas que tiene en su vida, sino que no puede *sentirlas*. Los mismos mecanismos que lo protegieron del vacío ahora le están impidiendo sentir felicidad.

Esa anestesia emocional es lo que generó el estancamiento: se llevó por delante cualquier posibilidad de entusiasmo, lo dejó todo al mismo nivel. Por eso los logros de Richie no los siente como logros y no le da valor a nada de lo que consigue, a pesar de que objetivamente está teniendo éxito. Las barreras emocionales que ha levantado –sin darse cuenta– para mantener a raya la oscuridad también lo están alejando de la vida misma. Y esto es algo muy común en personas que han atravesado un trauma emocional fuerte o un periodo prolongado de estrés. Aprenden a desconectarse de lo que sienten como forma de sobrevivir, pero en ese intento, se pierden también el resto del espectro emocional que nos hace humanos.

La tragedia de la anestesia emocional es que, en el fondo, es una forma de suicidio emocional. Recurres a ella solo cuando parece que no hay otra salida. Cuando el dolor es demasiado, anestesiarse parece un precio bajo a cambio de algo de paz. Pero con el tiempo, el coste se vuelve demasiado alto. La vida se apaga, y la capacidad de conectar con otros, de sentir alegría, de sentirse vivo, se va volviendo cada vez más lejana. Esa es la gran paradoja de la anestesia emocional: es una solución que viene con sus propios problemas, y deshacerla no siempre es fácil. Difícil, sí; pero no imposible.

> –Richie, seguramente esto te va a extrañar, pero te voy a mandar un ensayo de un existencialista francés y necesito que lo leas. Lo comentaremos en la próxima sesión. Se llama *El mito de Sísifo*, de Albert Camus.
>
> –Entendido. –Richie se ríe mientras lo anota–. ¿El mito de qué?
>
> –De Sísifo. Puedes reírte todo lo que quieras, pero léelo.

Necesitamos el existencialismo para salir de este lío, porque va a servir para dos cosas: una, ayudar a Richie a aprender a ver en la oscuridad, y dos, comprender cómo las profundidades a las que llegó lo hicieron también mucho más profundo. Solo tenemos que desviarnos un poco hacia el existencialismo.

LOS EXISTENCIALISTAS Y EL ABISMO

Si buscas imágenes de Albert Camus, lo encontrarás inmortalizado con un traje bien cortado bajo una gabardina de lana con el cuello levantado, mirando con una media sonrisa a lo lejos, con el pelo oscuro y ondulado peinado hacia atrás y un cigarrillo en la comisura de la boca. Parece un tipo elegante y conflictivo.

No te aburriré con los detalles de la vida de Camus que lo llevaron a crear todo un movimiento filosófico dedicado a encontrar la luz en la oscuridad. Lo único que tienes que saber es que conocía muy bien la oscuridad. Mientras exploraba esas cavernas oscuras, dos formaciones cristalinas llamaron su atención: el absurdo y la falta de sentido, que brillaban como gemas raras escondidas en lo más profundo. Camus y sus amigos existencialistas las pulieron hasta convertirlas en principios rectores, tesoros extraídos de las profundidades.

El primero sonará como un *koan** zen: la existencia precede a la esencia. Esto solo significa que no llegamos al mundo con un destino preestablecido. No somos objetos, somos seres, lo que significa que debemos vivir, elegir, cometer errores, fracasar y tener éxito para crear nuestra esencia. Primero existimos; nuestra esencia se crea a medida que vivimos. Por nosotros mismos.

---

* N. del T.: Un *koan* zen es una especie de enigma o paradoja utilizado en el budismo zen para desafiar la lógica racional y favorecer la intuición o la comprensión profunda.

Si el primer principio suena como un *koan*, el segundo sonará como el grito de guerra de un rebelde de dieciséis años: la vida no tiene sentido. De hecho, la vida es absurda. Dondequiera que busques un significado preestablecido, encontrarás algo ridículo. Esta segunda idea tiende a dividir a los grupos en dos bandos. Las personas se aferran a esta idea de la falta de sentido, y se envuelven en ella como si fuera tan atractiva como la gabardina de Camus, o bien la rechazan con desdén y se alejan, juzgando lo que consideran una ideología inmadura y potencialmente peligrosa. Ambas decisiones se toman de forma precipitada y, por lo tanto, pasan por alto la cláusula crítica que sigue inmediatamente a «la vida no tiene absolutamente ningún significado inherente», es decir, *excepto el significado que le damos*.

No existe el destino; no hay significados preestablecidos que debas buscar. Aquí no existe ningún significado. Nuestras vidas tienen sentido *no* porque estemos predestinados, sino porque *nosotros les damos sentido*. El resultado de nacer sin una esencia preestablecida y en un mundo sin significado es que todos tenemos autoridad absoluta y completa sobre nuestras vidas. Esto también significa que no hay ninguna autoridad externa que pueda a) decirte lo que debes hacer, o b) juzgarte. Hay una sola cosa que puedes hacer mal a los ojos de los existencialistas, y es no asumir esa responsabilidad radical sobre tu vida. La vida es un lienzo en blanco, y tenemos la responsabilidad total y absoluta de lo que pintamos en él.

Agarrad los pinceles, dicen los existencialistas; tenemos trabajo que hacer.

¿Y qué tiene que ver el suicidio con todo esto? El suicidio es relevante para el existencialismo porque, en última instancia, la prueba más radical de nuestra libertad es que podemos elegir nuestra propia muerte en cualquier momento. Para los existencialistas –y no hace falta que estés de acuerdo con esto, solo trata de entenderlo antes de rechazarlo–, el hecho de que podamos elegir cuándo morir es la señal más extrema de nuestra libertad.

Sé que no parece lógico, pero sigue leyendo: hay momentos en los que pensar en el suicidio funciona, en cierto modo, como un mecanismo de adaptación. En situaciones de desesperanza profunda, o cuando alguien está convencido de que no hay salida posible, esa idea puede aparecer como una especie de salvavidas: una última alternativa que promete alivio frente a lo insoportable. Para quien se siente totalmente superado, el simple hecho de saber que existe una salida extrema podría generar una sensación mínima de control, una pequeña cuota de autonomía en medio de una experiencia abrumadora. Por duro que suene, es importante entender que este tipo de pensamiento es un intento de la mente por construir una red de contención frente a lo que no se puede soportar. Verlo así puede quitarle algo del miedo que provoca y volverlo más comprensible. Nos muestra que, más que expresar un deseo real de morir, muchas veces es una señal desesperada de que necesitamos espacio para respirar, recuperar algo de libertad o encontrar otra forma de salir del encierro. Nos recuerda que incluso en la oscuridad, seguimos buscando el modo de seguir adelante.

Déjame contarte la historia del héroe absurdo de Camus, Sísifo (te prometo que será breve), y por qué se la recomendé a Richie. Quizá no conozcas a Sísifo por su nombre, pero seguro que has visto su imagen. Es el hombre musculoso y sin camisa de la mitología griega que aparece en esculturas y pósteres motivacionales empujando una enorme roca cuesta arriba (no lo confundas con el hombre musculoso y sin camisa que sostiene el mundo sobre su cabeza, ese es Atlas). Sísifo ha sido condenado a empujar una roca cuesta arriba. Puede que no parezca tan malo, pero en cuanto llega a la cima, la roca rueda cuesta abajo y Sísifo tiene que ir a buscarla. Una y otra vez, y otra vez, y otra vez, y... lo has adivinado, otra vez. Por toda la eternidad.

Camus estaba obsesionado con Sísifo porque, aunque casi toda su existencia está determinada, hay un detalle crucial: ni siquiera los todopoderosos dioses griegos fueron capaces de controlarlo del todo. Tuvieron que concederle algo de lucidez y un poco de libertad, lo justo para que pudiera darse cuenta de su propio tormento y sufrirlo como tal. Y ese pequeño margen de libertad lo cambia todo, porque le permite elegir *cómo* enfrenta su condena eterna. Puede hacerlo con desprecio o puede hacerlo riéndose. Puede burlarse de los dioses cada vez que empuja la roca, diciéndoles: «Sí, me habéis quitado casi toda mi libertad, pero no podéis quitármela toda. No podéis dominarme. ¡Nadie puede!». Así, Sísifo está condenado para siempre, *y* al mismo tiempo es libre para siempre. Igual que nosotros. Espera... ¿Qué?

Puede que no estemos condenados a empujar rocas cuesta arriba, pero si somos sinceros, a veces la vida parece una tarea de Sísifo. Vale, muchas veces. Hay muchas, *muchísimas* cosas que están predestinadas para nosotros, situaciones que no elegimos y que no podemos controlar. Lo que Sísifo nos recuerda es que no estamos, ni podemos estar jamás, totalmente condicionados. Y, a diferencia de él, somos libres en dos sentidos: en primer lugar, podemos elegir la forma de completar las tareas que nos han sido asignadas. Puedes levantarte mañana por la mañana y lamentarte por la alarma, pasar el día trabajando duro, quejarte durante la cena, pasar un par de horas mirando las redes sociales y luego irte a la cama. O puedes saltar de la cama emocionado por tu primer sorbo de café, escuchar tu música favorita en la ducha, reírte con tus compañeros de trabajo de algunos memes y salir a cenar con tus amigos. Tenemos una libertad adicional, que es la elección de seguir adelante o no. A diferencia de Sísifo, que está en el infierno y permanecerá allí para siempre, nosotros no. El hecho de que todos tengamos la opción de vivir o no vivir cada momento es lo que nos hace libres. Por eso Camus comienza su famoso ensayo *El mito de Sísifo* con las palabras: «Solo hay un problema filosófico realmente serio, y es el suicidio».[1] ¡Menuda frase para empezar, Albert!

Quiero dejar esto muy claro: el suicidio *no* es lo que los existencialistas recomendarían. Para ellos, el suicidio es solo una prueba de que somos real, inequívoca y completamente libres. Pero eso no significa que piensen que debamos hacerlo. Acabar con tu vida es acabar con la libertad de construirla, y esa es la única moneda que tenemos. Lo que la mayoría entiende mal del existencialismo es que la idea de que la vida es absurda y carece de sentido no es el final de la historia, sino el *comienzo*. No se trata de aspirar al suicidio, sino de abrazar la libertad que se nos ha dado y construir nuestro propio mundo justo sobre el abismo.

Uno de los propósitos del existencialismo es ayudarnos a comprender que somos (aterradoramente) libres y que tenemos una responsabilidad radical sobre nuestras vidas. Otro propósito, sin embargo, es ayudarnos a afrontar el abismo cuando nos encontramos frente a él. Después de todo, Camus se enfrentaba al abismo cuando escribió su libro. Creo que parte del motivo por el que lo escribió fue para dejar mensajes desde la oscuridad, mapas literarios que otras personas pudieran encontrar cuando se vieran sumidas en ella. Todos tenemos un momento en el que nos encontramos con el abismo por primera vez. Richie se había enfrentado a él de frente y llevaba consigo su terror. Yo me sumí en él cuando murió mi padre.

Dado que el abismo es precisamente eso, un abismo, puede resultar complicado describirlo. ¿Alguna vez has vivido en un lugar con moqueta de pared a pared? Si es así, sabrás que, en algún momento, la curiosidad puede más y levantas un trozo de moqueta para ver qué hay debajo. Encontrarte con el abismo es igual, excepto que cuando levantas la moqueta de la existencia, no encuentras las tarimas de pino originales. En su lugar, hay una nada oscura y arremolinada. Es aterrador y cautivador, y tiene una fuerza magnética. Te apresurarás a volver a colocar la moqueta en el suelo, pero nunca podrás olvidar lo que has visto ni desaprender lo que ahora sabes: que todo el mundo se asienta sobre el vacío y que solo hay una moqueta barata, muy fina y áspera, con décadas de antigüedad, entre tú y él. Aquí está la clave. Aunque todo tu ser querrá huir, cerrar los ojos e ignorarlo, la respuesta es simplemente enfrentarte a ello. Mirar fijamente a la oscuridad hasta conocer su profundidad, hasta recuperar el equilibrio, hasta ver la luz.

Así que aquí es donde Richie y yo comenzamos nuestra siguiente sesión. De pie al borde del abismo. Juntos. Esta es la única forma de combatir toda la anestesia emocional. De revivir los sentimientos y sentir algunos de ellos juntos.

–Cierra los ojos y dime lo que ves, Richie. Estoy justo a tu lado.

Hay una larga pausa y puedo sentir la incomodidad, casi pánico, que recorre las venas de Richie mientras se adentra en el pasado que ha estado intentando olvidar con todas sus fuerzas.

—Mi habitación a oscuras. Esa sensación horrible. Lo cubre todo. Es como la nieve, pero negra. Silenciosa. No exactamente como la nieve. Lo cubre todo, pero también está dentro. En mis pulmones. Estoy sentado en la habitación del hospital con mis padres y mis hermanas. Todo está mal, pero ellos siguen preguntándome qué es lo que pasa y no puedo señalar una causa. Nada tiene sentido. Y es tan triste. Tan triste...

Aquí están todos los sentimientos que Richie ha temido tanto; aquí está todo lo que ha reprimido. Cada uno de los momentos en los que tocó fondo y no había nadie para ayudarlo. La separación de sus padres, el trabajo de sus sueños que luego no lo parecía, la chica de sus sueños que lo dejó. Si todas estas estructuras se derrumban, ¿qué queda? La vida no tiene sentido. Esta es su oscuridad. Por eso está anestesiándose por completo. Para protegerse de ese lugar y de esta oscuridad. Se me ocurre que en realidad no es la oscuridad lo que le da miedo. Es el recuerdo de haber caído en ella por primera vez.

—Espera. Richie. ¿Te das cuenta de que nunca volverá a ser tan horrible?

Richie me mira ahora con los ojos muy abiertos, como un niño pequeño. Se le llenan los ojos de lágrimas.

—¿Qué quieres decir? Ese sentimiento siempre está ahí, detrás de la puerta. Siempre esperando para apoderarse de mí.

—Sí. Esa sensación forma parte del mundo. Forma parte de tu mundo. Pero solo puedes enfrentarte al abismo por primera vez una vez. Eso ya lo has hecho, y entonces no tenías ninguna herramienta. ¡Ni siquiera sabías que el abismo existía! Eso fue aterrador. Sabes que está ahí y sabes qué hacer cuando sientes que te estás acercando. Volverás a encontrarte con ese abismo. La vida se encargará de ello. Pero nunca será como la primera vez. Nunca. Te lo prometo. Porque conoces esta oscuridad. Y sabes exactamente qué hacer cuando te encuentras allí.

Nos vamos alejando poco a poco de las emociones, porque son demasiado intensas como para permanecer en ellas. Volvemos a mirarlo todo desde el terreno más seguro del intelecto, y entonces le cuento a Richie un poco más sobre los existencialistas.

La diferencia entre los existencialistas y el resto de la gente es que ellos no intentan poner una alfombra más gruesa ni clavarla con clavos industriales para tapar el abismo, ni crear un sistema ideológico enorme que nos mantenga ocupados y distraídos del hecho de que el mundo no está sostenido por una tortuga gigante ni se apoya en los hombros de Atlas: está flotando en un espacio oscuro, profundo y vacío. No se anestesian frente a eso. En cambio, piensan que la respuesta al abismo —y a todas las emociones terribles y desgarradoras que su descubrimiento provoca— es simplemente plantarse delante y enfrentarlo.

Seguir levantando la alfombra. Aceptarlo. Está bien, oscuridad. Está bien, gran abismo que gira. Está bien, vacío. Te veo. ¿Tú me ves? Si lo miras el tiempo suficiente, tus ojos empiezan a adaptarse.

La oscuridad te engañará haciéndote creer que eres la primera persona en descubrirla, pero ten por seguro que no estamos solos aquí. Camus y los demás existencialistas, y todos los seres humanos que alguna vez se han enfrentado al abismo (es decir, todos), están ahí esperando, listos para decir: «Oye, sé que esto parece el final, pero en realidad es el principio». Porque aquí está la clave: cuando miras al abismo durante el tiempo suficiente para que tus ojos se acostumbren, empiezas a reír. Te ríes porque de repente te das cuenta de que el mundo se toma a sí mismo demasiado en serio. No es ni intrínsecamente bueno ni está impregnado de maldad: es *absurdo*. No tiene sentido. Bueno, no tiene sentido excepto para nosotros. ¿Y qué si la vida se basa en la nada? ¿Es eso tan terrible? Quizá sí. Quizá no. Es difícil saberlo. Pero no hay mucho que podamos hacer al respecto. Lo heroico, absurdo, irreverente y subversivo ante ese abismo es *vivir*. Dar sentido a la nada, como una niña pequeña que chapotea en un charco y se ríe a carcajadas.

Escucha, probablemente no hayas incluido «dar sentido a la nada» en tu lista de tareas pendientes para hoy. Es mucho pedir. Y es mucho pedir si estás pasando un martes cualquiera. Es una tarea enorme, abrumadora, imposible y nauseabunda si te enfrentas al abismo de alguna manera.

Una enfermedad mental. Una ruptura sentimental. La pérdida de tu trabajo. Cualquier otro golpe devastador. Por eso tenemos que tener tanto cuidado cuando hablamos del don de dar sentido a las cosas. Porque aquí está la pieza final: eres libre de dar sentido, pero *no tienes que hacerlo*. Ni siquiera tienes que seguir viviendo. Siempre, *siempre*, es tu elección, lo que significa que nunca estás atrapado. Cuando la vida se vuelve realmente insoportable, cuando la tarea de dar sentido deja de ser factible, puedes hacer que todo se detenga. Es un pensamiento oscuro, lo sé. Pero ¿ves toda esa libertad ineludible ahí, en la oscuridad? Lo más oscuro que puedes imaginar es también lo que sostiene tu libertad. Aquí está la pieza más importante: esa libertad no existe a pesar de la oscuridad, sino *gracias a ella*. Hay una rebelión poderosa y significativa que solo puede surgir cuando se te ha despojado de toda esperanza y fe.

La crisis existencial no es el final, es el pistoletazo de salida. Richie ya no es suicida, pero nuestro trabajo aún no ha terminado. En realidad, solo estamos empezando. Todavía tenemos que aprender qué hacer con todos estos sentimientos y recuerdos que nos quedan cuando dejamos de anestesiarnos. Seguimos al borde del abismo. Esto es lo que nadie te dice sobre pasar por una crisis existencial.

Sí, todo lo que creías saber se desvanece. Sí, te quedas temblando, desnudo y aterrorizado, como un pajarito que acaba de ser expulsado del nido por el cabrón de su hermano mayor. Y los cimientos que construirás una vez que conozcas realmente la naturaleza del mundo serán un millón de veces más sólidos que los que construyes sobre ilusiones y falsas esperanzas.

ENCONTRAR EL CAMINO EN LA OSCURIDAD

El problema de vivir en una sociedad que no tolera la oscuridad es que nadie sabe qué hacer cuando de pronto cae dentro de ella. Ni siquiera sabemos reconocer cuándo eso nos está ocurriendo. Si no aceptamos la oscuridad, estamos mandando –sin querer– el mensaje de que, cuando alguien atraviese ese tipo de terror, tendrá que enfrentarlo solo.

Y aunque tal vez no caigas en la misma oscuridad que Richie, vas a caer en algún tipo de oscuridad. Hablar de ello no te va a salvar, pero sí puede prepararte.

Y estar preparado es como llevar una pequeña bolsa escondida bajo la ropa, pegada al cuerpo. El ladrón puede llevarse tu mochila si quiere, pero no va a tocar tu pasaporte, tu teléfono, tu tarjeta de crédito... ni tu alma.

Primero, pongámosle nombre a esto de asomarse al abismo, de caer en la oscuridad, de toparse con ese ladrón callejero que no se rinde (porque ya sabes: nombrarlo es el primer paso para dominarlo, ¿verdad?). Esto se llama crisis existencial. ¿Y qué es una crisis existencial? Es lo que ocurre cuando te enfrentas al abismo que está en el fondo mismo de la existencia. Es una experiencia psicológica o filosófica profunda y angustiante, en la que te ves cara a cara con preguntas sobre la naturaleza de tu existencia, el sentido de la vida y tu lugar en el mundo. Y que quede claro que no vas a atravesar esto en paz. Lo harás con la angustia sentada a tu lado. Caminarás entre la incertidumbre como si fuera arenas movedizas y le buscarás sentido a todo como si estuvieras buscando agua después de tres días y medio en el desierto.

El abismo es traicionero como él solo, y a veces te arrastra sin que te des cuenta de lo que está pasando. Sabes que estás ahí cuando empiezas a cuestionarte el sentido de la vida. Cuando te preguntas por qué existes, para qué. También puede que, de golpe, te invada la conciencia de tu propia muerte –o de la muerte en general–. Si alguien te regala flores y lo primero que piensas es: «¿Por qué me darías un ramo de cosas muertas?», estás ahí. Si te das cuenta de que has perdido muchas de las creencias, valores o ideas que antes te sostenían, si te sientes sin rumbo y a la deriva, estás ahí.

Ya estás desconectando, lo noto. «Sí, MC, ya entendí, ahí abajo todo es oscuridad. ¿No es suficiente con esto?». Lo comprendo. Pero no. Ya casi llegamos, aguanta un poco más. Esto es lo que suele pasar cuando nos enfrentamos a la oscuridad, ya sea la nuestra o la de alguien más: nos salimos antes de tiempo. Nos perdemos la segunda parte. Nos quedamos con la idea de que la vida no tiene sentido y pasamos por alto que los existencialistas no están diciendo que el suicidio sea la respuesta.

¿Conoces la historia de Chris McCandless? Es el aventurero estadounidense en quien se basa *Hacia rutas salvajes (Into the Wild),* el que se lanzó a conquistar Alaska. Es decir, se lanzó de lleno a la oscuridad. Y conquistó Alaska, sí. Hasta que se debilitó demasiado para cruzar el río Teklanika y regresar a la civilización, y murió en el autobús donde vivía. Chris no tenía un mapa, y como dejó de buscar, no se enteró de que a menos de un kilómetro había un pequeño teleférico manual que le habría permitido cruzar el río. Estaba a solo unos pasos de un nuevo comienzo. Sigamos adelante.

Por suerte para nosotros, en esta crisis existencial el teleférico está justo aquí. Sí, este es un lugar oscuro. Sí, aquí hay ansiedad. Pero también hay profundidad, curiosidad y esperanza. Esas tres cosas están aquí, en medio de la oscuridad. Y si somos capaces de verlas, podemos usarlas como anclas para construir algo nuevo desde el fondo.

Cuando caes en la oscuridad, *lo primero* que haces, casi sin darte cuenta, es buscar. Buscas la luz, una salida, tus propios pies, el suelo. Poco a poco, cuando los ojos se van acostumbrando, empiezas a ver un poco de luz, a sentir tus pies, a tocar el suelo. Y cuando apoyas las palmas y te orientas, sabes dónde está arriba... y entonces también encuentras la salida. Aunque sin duda cambiarías todo lo que te llevó hasta ahí, sentirás una especie de gratitud por la profundidad que acabas de descubrir. Porque, te guste o no, estás creciendo. La oscuridad de Richie (si pudiera hacer retroceder el tiempo para librarlo de ella, lo haría, porque sé lo mucho que duele) lo llevó a un lugar más profundo. Un lugar al que nunca habría podido llegar sin haber pasado antes por la oscuridad.

Lo segundo que encontramos al adentrarnos en la oscuridad es la curiosidad. Cuando te encuentras en medio de una crisis existencial, te ves obligado a analizar detenidamente tu vida. Esto puede suponer una oportunidad increíble para introducir cambios, reevaluar prioridades y evolucionar. Millones de personas lo hicimos durante la pandemia, dejando trabajos sin futuro y sacando nuestras baterías del trastero. Esto suele provocar grandes cambios de mentalidad y, a menudo, nos sentimos más en armonía con nosotros mismos.

Lo tercero que descubrimos en la oscuridad, si estamos abiertos a ello, es una alegría inesperada al crear mundos. Aquí es donde entra en juego todo el empoderamiento existencial. No, no hay un significado inherente en el mundo que debamos buscar y descubrir. Sí, da miedo. Pero también es emocionante. Puede ser una nueva y enorme fuente de energía creativa para la vida. Significa que puedes pintar lo que quieras y no hay manera de equivocarse. La existencia es el techo de la Capilla Sixtina y tú tienes el pincel de Miguel Ángel. ¿Cómo quieres que sea?

Voy a ofrecerte algunas herramientas basadas en estos tres regalos que encontramos en la oscuridad, pero primero quiero terminar la historia de Richie porque no me gustan los finales abiertos y detesto las sorpresas. Han pasado unos cuatro años desde su último intento de suicidio, y conversamos todas las semanas. Hablamos de filosofía, de trabajo, de la tristeza y de cómo se siente exactamente cuando esta se cierne sobre él y se apodera de todo: de su familia, sus amigos y su trabajo, de la vida que quiere construir para sí mismo. Lo hacemos con delicadeza, poco a poco. Richie ya no le tiene miedo a la oscuridad. Está demasiado ocupado reconstruyendo el mundo; de vez en cuando se vuelve para saludar al abismo, maravillándose de su absurda contradicción. Es lo que lo destruyó todo y lo que le permitió construir todo esto.

PASOS PARA ATRAVESAR LA OSCURIDAD

Cuando nos enfrentamos a una crisis existencial, encontramos tres elementos constructivos clave en la oscuridad, junto a toda la angustia que nos invade. Aquí tienes tres ejercicios muy sencillos que te ayudarán a afianzarte y a emprender el camino. Recuerda que, aunque estés enfrentándote a este abismo oscuro y vertiginoso en soledad, todos los que lo hemos vivido estamos aquí, detrás de ti, sujetándote con una cuerda atada a la cintura.

En busca del significado

El significado es algo que creamos. Es una obra de arte que colocamos sobre los acontecimientos de la vida para darles coherencia, para cerrar el ciclo, para sobrellevarlo. El significado no nos devuelve a nuestros seres queridos y no es un intercambio justo por la pérdida. Es algo completamente diferente. Es el ancla que lanzamos al mar cuando nos sentimos perdidos. Es una obra de arte dinámica: podemos volver atrás y cambiarla cuando queramos. Añadirle color, quitarle, cambiar por completo el medio, convertirla en una canción. Dar sentido es nuestro mayor poder como seres humanos, y no le damos la prioridad ni le dedicamos el tiempo que se merece.

Reetiqueta tus archivos

Paso 1) Elige una experiencia de tu vida que haya sido complicada o que te haya hecho cuestionar de verdad tus creencias y valores. La primera vez que hagas este ejercicio, es conveniente elegir algo que haya pasado hace tiempo, algo que ya sientas superado y que no te siga doliendo en el presente. Más adelante, cuando te familiarices con el proceso, podrás hacerlo con situaciones más difíciles.

Paso 2) En una hoja de papel, haz una lista de todo lo que esa experiencia te arrebató: tu autoestima, tu sentido del humor, tu capacidad para dormir toda la noche... No te olvides de respirar. Deja esa lista a un lado.

Paso 3) En otra hoja de papel, haz una lista de todo lo que esa experiencia te *enseñó*. Que eres más fuerte de lo que pensabas, que puedes soportar una pérdida, que ahora sabes cómo conseguir recursos cuando necesitas ayuda. Debajo, escribe algunas notas sobre cómo estos conocimientos pueden guiar tus acciones y decisiones en el futuro. Sigue respirando.

Paso 4) Guarda en una carpeta las dos hojas de papel. Ahora es el momento de etiquetar el archivo. En lugar de etiquetarlo con el nombre de la experiencia, elige una frase y etiquétalo con lo que *significa*. Céntrate en ambos aspectos. ¿Qué te costó y qué te enseñó? Así, en lugar de etiquetar tu divorcio como «Divorcio: la razón por la que soy un fracasado», podrías escribir «Divorcio: la experiencia tremendamente dolorosa que me liberó y me enseñó lo que de verdad merezco». Si tu vida fuera el argumento de una película, ¿qué significaría este acontecimiento en el contexto general? No pasa nada si no puedes hacerlo de inmediato; puede llevar mucho tiempo. Simplemente guarda el archivo en un lugar donde sea visible y vuelve a él cuando puedas.

Paso 5) A medida que pase el tiempo, permítete cambiar el significado del archivo. Puedes simplemente poner una nueva etiqueta sobre la antigua.

Restablece el panel de control de tus valores

Imagina que en algún lugar de la nube (sí, donde está Internet) hay un panel de control que te permite gestionar los valores que rigen tu vida. Es uno de esos paneles parecidos a un cuentakilómetros, donde puedes ver en qué punto está la aguja, entre 0 y 10. El objetivo de este ejercicio es reflexionar sobre tres cosas: cuáles son tus valores, en qué punto estás ahora mismo en relación con ellos y adónde te gustaría llegar.

Paso 1) Elabora una lista con tus prioridades más importantes. Debes incluir al menos tres y no más de diez. Pueden ser asuntos como tus relaciones, tu carrera profesional, tu crecimiento personal, tu salud o tu comunidad. Estos son tus valores más importantes en la vida.

Paso 2) Junto a cada valor, puntúa su nivel de importancia ideal para ti en una escala del 1 al 10. No te preocupes por si ya has alcanzado ese nivel o no.

Paso 3) Ahora piensa en dónde te encuentras actualmente con respecto a este valor y también dale una puntuación. Escribe ese número junto al número ideal que anotaste primero. Por ejemplo, puedes valorar tus relaciones con un 10, pero actualmente solo estar invirtiendo en ellas un 6. O puedes valorar tu carrera con un 6, pero actualmente estar invirtiendo en ella un 10.

Paso 4) Para las prioridades que ya no te sirven o que no están alineadas con tus valores, piensa en pasos que puedes dar para realinearlas o desarrolla nuevas prioridades que reflejen hacia dónde quieres ir. Aquí tienes algunos ejemplos para empezar:

Relaciones: si valoras las relaciones con un 10, pero actualmente inviertes un 6, plantéate programar reuniones periódicas con amigos o familiares, unirte a un club social en tu ciudad o, simplemente, estar más presente al tratar con alguien.

Carrera profesional: si tu carrera profesional tiene actualmente un 10, pero solo la valoras con un 6, piensa en delegar tareas, establecer límites para las horas de trabajo o buscar un cambio profesional que se ajuste más a tus pasiones.

Salud: si quieres que la salud sea una prioridad, pero sientes que no le estás dedicando suficiente tiempo, podrías empezar por planificar ejercicio regular, cocinar comidas más saludables o reservar tiempo para prácticas de mindfulness.

Crecimiento personal: si el crecimiento personal es un valor clave, pero no le estás dedicando suficiente tiempo, plantéate la posibilidad de apuntarte a un curso, leer más libros o reservar tiempo para la autorreflexión y escribir un diario.

Prioridad	Valor	Estado actual	Alineaciones
Amistades	10	5	Enviar un mensaje a Sue cada semana; unirse al club de café de los sábados por la mañana después de correr en el gimnasio.
Trabajo	7	10	No revisar el correo electrónico después de las seis de la tarde; si tienes que trabajar los fines de semana, dedicar solo una hora por la mañana.
Etc.			

Extra: crea tu propio mundo

Muy bien, amigos, os voy a proponer un proyecto artístico. Y como ya sé que más de uno va a empezar a quejarse con lo de «yo no tengo ni una pizca de creatividad», vamos a llamarlo ejercicio extra. (Pero no olvides: estamos en el abismo. Así que date dos minutos para protestar... y luego saca esa caja de colores).

Paso 1) Reúne materiales creativos que te inspiren, desde un bolígrafo y papel para escribir hasta pinturas y lienzos para pintar, o instrumentos para componer música. ¿Purpurina? ¡Adelante!

Paso 2) Reflexiona sobre el concepto de que la vida no tiene un significado inherente, salvo el que le damos nosotros mismos. Piensa en lo que te hace feliz, te llena y le da sentido a tu vida. ¿Qué imágenes, colores y sonidos te vienen a la mente cuando piensas en estos conceptos?

Paso 3) Pon un temporizador para veinte o treinta minutos y, durante ese tiempo, tu única tarea en este mundo será crear. No corrijas, no dudes, solo crea. Utiliza el medio que hayas elegido para expresar estos conceptos y crea algo. Cualquier cosa. Puede ser una obra de arte, una historia, una canción o cualquier otra forma de expresión creativa, ya sea figurativa o abstracta. No tiene por qué ser bonita ni tener sentido para nadie más. Es para ti y solo para ti.

Paso 4) Ponla donde puedas verla. Es la prueba visual de que eres un creador de significado y de que puedes crear incluso cuando las cosas se ponen feas.

Antes de pasar a la segunda parte del libro, quiero crear un pequeño mundo contigo ahora mismo. Hasta ahora, los ladrones que hemos visto son la hipervigilancia y la anestesia emocional. Hoy me he dado cuenta de que la palabra *vigilia* está justo en medio de *hipervigilancia*. Tiene sentido, porque *vigilia*, como *velar*, significa ‘estar despierto’. Sabemos que podemos permanecer despiertos ante el miedo y la ansiedad porque lo hacemos todo el tiempo. El trauma deja todas las luces encendidas las veinticuatro horas del día, como si fuera un guardia en Guantánamo. Pero ¿y si veláramos por la alegría en la oscuridad? ¿Por la esperanza en nuestros momentos más desesperados? Nuestros traumas intentan engañarnos haciéndonos creer que la alegría, la conexión, el significado y la vulnerabilidad son peligrosos, inapropiados y ridículos. La intención es buena: tu miedo intenta mantenerte a salvo y con vida, pero se basa en una mentira. Porque no es necesario que estés alerta, *hipervigilante*, todo el tiempo. Simplemente no lo necesitas.

Hay una psicóloga poco conocida llamada Nina Bull, pionera en el estudio de las emociones y de cómo se expresan y se alojan en el cuerpo. Le interesaba entender cómo se reflejan mutuamente el cuerpo y la mente, y cómo ese vínculo podría ser la clave para ayudar a la gente a salir de estados emocionales negativos. En sus investigaciones, pedía a los participantes que se quedaran quietos en posturas corporales muy tensas –como hechos un ovillo con los puños apretados– y luego que recordaran momentos en los que hubieran sentido amor, alegría o curiosidad.[2] Estas personas, que sin duda habían sentido alegría, amor o curiosidad, no lograban acceder a esos sentimientos en aquellos estados corporales. Luego les pedía que se quedaran inmóviles en posturas muy abiertas y alegres, como alguien que levanta los brazos hacia el cielo para darte un gran abrazo, y que pensaran en momentos en los que sintieron miedo. ¿Adivinas qué? No podían.

Hablamos un poco sobre el asombro en el capítulo anterior, y quiero retomarlo para pensar que el asombro no es más que alegría en estado puro ante una experiencia. Una emoción desbordante que aparece cuando presenciamos algo que nos deja maravillados frente al milagro sencillo y rotundo del mundo. ¿Sabías que cuando alguien tiene la oportunidad de ir al espacio y mirar la Tierra desde muy muy muy arriba, casi siempre llora? Es una sensación agradable, sí, pero quizá también trae consigo cierta tristeza por el mundo que acaban de perder, el mundo sobre el que aún no habían tenido este gran cambio de perspectiva.

Cuando las personas se enfrentan a algunas de las experiencias más radicales del universo, casi todas afirman sentir asombro. En el fondo, eso significa que el asombro aparece cuando algo te transforma de manera profunda. Esta emoción surge en esos momentos que alteran tu forma de entender la vida y te deja desorientado, parpadeando, tratando de asimilar lo nuevo, sin saber muy bien cómo. ¿Ves adónde quiero llegar? Las mejores cosas de la vida también nos ponen frente al abismo. Y el abismo impresiona, sea cual sea la forma en que lleguemos a él. La diferencia está en cómo lo nombramos: lo llamamos *emoción* cuando lo provoca algo maravilloso, y *miedo* cuando tiene que ver con la pérdida. Sin embargo, el sistema nervioso no distingue entre si estás a punto de lanzarte por primera vez a hacer *puenting* o si te estás planteando rendirte ante el abismo.

Resumiendo, ¿qué pasaría si les diéramos a la alegría y el asombro la misma atención que les prestamos al duelo o a la oscuridad? ¿Y si, en vez de estar siempre en alerta frente al peligro, afináramos los sentidos para detectar lo que alimenta nuestra *capacidad de asombro*, como si fuéramos expertos en encontrar belleza donde nadie mira? ¿Y si, en un mundo así, se nos animara a contar nuestras experiencias más duras como quien regresa de una misión espacial? ¿Qué pasaría si viéramos lo que nos transforma profundamente no como una caída en la oscuridad, sino como una apertura hacia la luz? Al final, somos nosotros quienes damos sentido a lo que nos pasa.

Ah, y Richie... ¡Estoy *tan* orgullosa de ti!

Y de la misma manera, lector o lectora, tú que también te has asomado al abismo, me siento orgullosa de ti.

Sigamos adelante.

SEGUNDA PARTE

EL MIEDO A LA ALEGRÍA

CAPÍTULO 4

El miedo a la pérdida: construye tu circuito de esperanza

Quiero descubrir la dicha de oírte
susurrar «quiero más».

–Rumi

Uno de los grandes errores que cometemos con la alegría y la esperanza es creer que solo encajan en momentos bonitos y luminosos. ¿Y si la alegría no fuera lo opuesto a la oscuridad, sino algo tenaz y resistente que se encuentra dentro de ella? ¿Y si la esperanza no fuera una idea ligera y etérea, sino una forma de rebelarse contra lo terrible?

Sentí por primera vez esa esperanza obstinada, desafiante, cuando me enamoré de Jeremy. Jeremy, mi primer amor, era un chico que se estaba muriendo. De hecho, ya había vivido mucho más de lo que se esperaba. Nació con una enfermedad terminal y a su familia le dijeron que no pasaría de los cinco años. Todavía conservo una foto suya de esa época: lleva una gorrita azul de béisbol y le hace una mueca a la cámara, con la boca abierta y llena de comida. Desafiante, riéndose, vivo contra todo pronóstico.

Han pasado veinticinco años y nunca he escrito sobre Jeremy. Bueno, no directamente. He escrito mucho sobre la pérdida –la mía y la de otros– y creo que algo de eso ha servido para referirme al tema dando un rodeo. Es más fácil escribir sobre otras pérdidas que sobre esta. He escrito más sobre la muerte de Waldo, el hijo de Ralph Waldo Emerson, que sobre la de Jeremy, por increíble que parezca. Pero a veces pienso que nuestros silencios hablan más que cualquier palabra. Hay muertos que se nos vuelven innombrables, porque nombrarlos sería devolverlos al mundo de lo que aún puede ser invocado. Emerson decía que Waldo era como la niebla en el aire, que está en todas partes y en ninguna, es algo y al mismo tiempo nada. Lo que queda de Waldo es la ausencia. Hay una contradicción feroz en todo esto, y cuesta mucho ponerla en palabras. ¿Cómo se expresa la presencia de una ausencia? ¿Cómo se puede hacer justicia a esa contradicción... y a la vida que contiene?

Conocí a Jeremy en 1995. Yo tenía catorce años, estaba en un partido de *hockey* y, la verdad, prestaba mucha más atención a los chicos de secundaria que andaban por allí que al partido. En el puesto de comida conocí a Dave. Tenía el pelo negro como el azabache, un pendiente brillante en una oreja y una media sonrisa que olía a problemas desde lejos. ¿Tenía moto? *Seguro* que era mayor que yo. ¿Diecisiete? ¿Dieciocho? No dijo nada de la universidad. ¿Diecisiete? Madre mía, ¿y si tenía diecinueve? Mientras le daba mi número, intentaba averiguarlo y hacer las cuentas mentalmente. Él sonreía. Mi madre *me iba a matar*.

Me llamó esa misma noche después del partido (en los noventa no teníamos tiempo para esperar tres días). Agarré el teléfono inalámbrico a medio timbrazo y bajé corriendo al sótano para hablar sin que me oyeran. ¿Dónde iba a poner el límite? ¿Diecisiete? ¿Debería mentirle y decir que tenía dieciséis? ¿Durante cuánto tiempo podría mantener *ese cuento*? Justo cuando estaba a punto de abrir la boca para preguntarle a Dave cuántos años tenía, dijo: «Toma, habla con mi primo Jeremy», y le pasó el teléfono a un chico mucho más cercano a mi edad, con una voz ronca y una risa contagiosa.

—¿Cuántos años tienes? —Mejor sacarse eso de encima de una vez.

—Quince. ¿Y tú?

—¡Catorce! —Qué alivio—. ¿Por qué no fuiste al partido esta noche? —le pregunté.

—Ah, estoy en el hospital.

—¡¿En serio?! ¿Qué te pasó?

—Nada grave, solo me están haciendo un ajuste.

Sentada en el sofá a rayas del sótano escuché como Jeremy me contaba que tenía fibrosis quística (FQ). La FQ es una enfermedad genética progresiva que impide el movimiento adecuado del cloruro a través de la pared celular. A consecuencia de esto, la mucosidad que se forma en distintos órganos se vuelve espesa y pegajosa. Puede que no suene tan grave, pero la mucosidad tiene la función de arrastrar bacterias y otros gérmenes y *sacarlos* del cuerpo. Cuando no puede hacerlo, el organismo retiene esos gérmenes, lo que provoca infecciones pulmonares frecuentes e incluso insuficiencia respiratoria. Los «ajustes» médicos son frecuentes entre quienes tienen FQ. Suelen implicar una hospitalización de una o dos semanas para tratar los síntomas agudos y controlar infecciones en los pulmones, los senos paranasales y el páncreas.

—¿Te duele? ¿Tienes miedo?

Jeremy se rio.

Han pasado casi treinta años desde aquella llamada, pero el recuerdo es más cercano y más nítido que el desayuno de esta mañana. El sótano estaba frío, y yo me acurrucaba bajo un edredón de plumas mientras hablábamos. Era muy tarde, ya había pasado *de sobra* la hora de dormir, y se suponía que tenía que estar en la cama. Esa tarde le había dado mi número de teléfono a un desconocido, y todavía no sabía cuántos años tenía. Ahora estaba hablando con el primo de ese desconocido. Otra vez: mi madre me iba a matar. Pero nada de eso importaba. Aquel chico que se reía con voz ronca estaba viviendo tiempo prestado, y simplemente no quedaba nada del mío para preocuparme por las reglas absurdas de mi madre.

Jeremy era alto y delgado. Tenía los ojos verdes, chispeantes y algo traviesos, y una piel morena que en verano se bronceaba mientras la mía se enrojecía. Gracias a él descubrí el rap, la paella, el baloncesto y *Men in Black*. Solía tumbarse en la cama y escribir sus letras favoritas en una libreta con espiral que guardaba debajo de la mesita de noche. Nuestro primer beso fue en mi garaje y duró una hora y media. Jeremy tenía una cicatriz en el pecho, de un catéter implantado que usaba para recibir medicación, y le preocupaba bastante que eso me asustara o me causara rechazo. Esa preocupación tenía algo sagrado. Recorrí con la yema de los dedos la piel cicatrizada, lisa y brillante, y me sorprendió la forma en que su cuerpo había tejido alrededor de la herida: firme, hermoso, como una costura que guarda una historia.

Todo en la vida de Jeremy era una contradicción, y todo en nuestra relación también lo era. Él estaba vivo, aunque no debería estarlo, y los dos éramos, al mismo tiempo, muy jóvenes y extrañamente mayores. Maduros e inocentes a la vez. No teníamos carné de conducir ni coche, así que alguien siempre tenía que llevarnos al cine. Muchas de nuestras citas eran en el hospital. Veíamos películas, robábamos pijamas y condones del armario de suministros, nos besábamos en las escaleras y en los baños.

Pasábamos horas al teléfono por las noches hablando de los coches que tendríamos cuando fuéramos mayores, de cómo decoraríamos nuestra casa y de cómo el deseo físico se parecía muchísimo a tener sed de verdad.

Estaba tan llena de amor y fe, y creía tan sinceramente en los milagros, que no tenía la menor duda de que viviríamos juntos una larga vida. Que Jeremy se curaría. No fue así. Ya hace más tiempo que él no está con nosotros que el que pasó aquí, y no recuerdo su risa. Tengo trece fotografías de nosotros, y en ocho de ellas uno de los dos está riendo, o los dos.

A menudo pienso en mí misma cuando tenía catorce años y siento envidia. Era tan valiente, tan entregada... Ahora estoy atormentada. La verdad es que mi primera relación fue tanto con la muerte como con Jeremy. Y ahora que él ya no está, me ha quedado el espectro de la muerte, que ha perseguido todas y cada una de mis relaciones posteriores de una forma que ni siquiera había reconocido. Es fácil contar una historia optimista sobre el amor juvenil y la pérdida temprana. Es menos fácil y mucho más duro admitir que llevo desde los dieciséis años ensayando futuras pérdidas. Desde antes de que mi cerebro estuviera completamente formado. Desde antes de que murieran mis padres.

Aunque la pérdida es lo que más he experimentado en mi vida, vivo cada segundo de cada día con el miedo y el terror a que vuelva a ocurrir. ¿Qué significa eso? Significa que cuando miro un anuncio de apartamentos con alguien a quien quiero, lo primero que imagino es cómo será la cocina la mañana después de que muera. Significa que si estamos viendo una película juntos, intento concentrarme en la película en lugar de imaginarme que le da un infarto aquí mismo, en el salón. Significa que pienso más en las preguntas que me arrepentiré de no haberle hecho que en planificar las comidas. Significa también que muchas, *muchas* noches me despierto y me pregunto si ha dejado de respirar mientras dormía. Es una preocupación enfermiza y egoísta, y significa que si lo quiero, he planeado su funeral.

Y como tengo una relación íntima con la parca desde que tenía catorce años, puedo decirte con certeza que, incluso mientras te ahogas en el dolor, todavía hay esperanza. Puedo decirte que aquí mismo, en medio de todo este miedo turbio y fangoso, también hay alegría.

¡LA ALEGRÍA ES UN VERBO, JODER!

Detengámonos un momento y pensemos en la palabra *alegría*.* Su uso más antiguo como sustantivo aparece en el siglo XIII, y se refería al 'placer o deleite'. Pero como verbo, su origen nos revela mucho más sobre lo que realmente es. Viene del francés antiguo *enjoir*, que significa 'dar alegría, alegrarse, disfrutar'. Si combinamos el sustantivo con el verbo, obtenemos algo así como 'el placer

* N. del T.: *Joy* en inglés.

o deleite que surge cuando das, celebras o disfrutas algo'. Es decir, la alegría no es solo algo que sentimos, es algo que *hacemos*. Algo que elegimos. No es inherente a nada en el mundo, no es el resultado aleatorio de un conjunto de circunstancias, es algo que elegimos, que creamos y compartimos. Hay algo rebelde en ello; la alegría nos sabe a algo robado, como una chispa alquímica. Me encanta.

La palabra *esperanza** viene del inglés antiguo *hopian*, que significaba 'tener la virtud teológica de la esperanza', 'confiar en la salvación o la misericordia', 'creer en la palabra de Dios' o simplemente 'tener fe'. Pero en el siglo XVII, el término se tiñó de oscuridad: empezó a usarse para describir esa fe que se mantiene incluso cuando no hay ningún motivo para tenerla. Esperar es trascender las circunstancias. Es saber que todo está mal y, aun así, atreverse a soñar. Es adoptar una cierta actitud frente a lo desconocido, incluso cuando esa incertidumbre nos aprieta. Confiar, de todos modos. No *a pesar* de la amenaza que se avecina, sino justo por eso.

¡Toda una frase para un sobrecito de azúcar!

Las circunstancias de Jeremy eran una putada. Enamorarse de alguien con una enfermedad terminal es una putada también. No había cura, ni ninguna razón lógica para creer que esta aparecería antes de que se le acabara el tiempo. Hoy día sigue sin haberla, aunque los tratamientos han mejorado bastante y mucha gente llega a vivir una

* N. del T.: *Hope* en inglés.

vida bastante plena, incluso cincuenta u ochenta años. Y, aun así, nosotros encontramos alegría. Se la robamos a esas circunstancias de mierda y convertimos la vida en algo brillante, hermoso, desbordante. La volvimos alegre. Y teníamos esperanza. Muchísima. Mi yo de catorce años llevaba su esperanza rebelde como si fuera una chaqueta de cuero con tachuelas, como diciendo: «Sí, estoy enamorada de este chico que se está muriendo. Y lo estoy hasta los tuétanos. Sí, tengo esperanza. ¿Y por qué no iba a tenerla?».

Porque Jeremy me ayudó a construir mi circuito de la esperanza.

EL CIRCUITO DE LA ESPERANZA

Para entender cómo funciona el circuito de la esperanza, hay que comprender mejor qué es y qué hace. Así que empecemos con algunos conceptos básicos de neurociencia.

La enorme complejidad del cerebro humano hace que cualquier metáfora que utilicemos para entenderlo se quede corta en algún momento. Cuando los neurocientíficos hablan de los circuitos cerebrales, por ejemplo, casi siempre emplean la metáfora de una serie de carreteras interconectadas. La imagen que siempre me viene a la mente es la de la autopista 405 de Los Ángeles, pero si has pasado una tarde o dos en ella, sabrás que tiene la capacidad de sumirte en una crisis existencial. Y lo que es más importante, la metáfora se viene abajo cuando intentas averiguar en qué se parecen y en qué se diferencian las carreteras de las neuronas. Voy a simplificarlo y a explicarlo lo más claramente posible.

Piensa que tu cerebro funciona como una placa de circuitos. Las distintas áreas están interconectadas y forman redes que, al activarse, influyen directamente en cómo pensamos, en lo que creemos y en cómo actuamos. Cada uno de estos circuitos necesita energía para ponerse en marcha, pero el cerebro no dispone de una reserva infinita. Puedes imaginártelo como una casa antigua: en un sistema eléctrico viejo, no puedes encender todos los electrodomésticos a la vez sin arriesgarte a que salten los fusibles. Con el cerebro ocurre algo parecido: no puede hacer todo al mismo tiempo, sencillamente porque no tiene energía suficiente para mantenerlo todo en funcionamiento a la vez.

Algunos circuitos consumen tanta energía que se excluyen entre sí: cuando uno está activo, el otro no puede funcionar al mismo tiempo. Dos circuitos del cerebro que sabemos que se excluyen son el circuito de la esperanza y el circuito del miedo. El circuito del miedo (a veces llamado sistema límbico, a veces cerebro reptiliano) es el centro neurálgico responsable de procesar las emociones en general, aunque quizá lo más importante sean las respuestas al miedo, que consumen una gran cantidad de energía del circuito. En él intervienen varias áreas del cerebro, pero sobre todo la amígdala, una sección con forma de almendra que compartimos con los fetos y los reptiles.

El circuito de la esperanza también requiere una gran cantidad de energía, pero en lugar de en sentir peligro y miedo, interviene en la sensación de conexión con los demás, la toma de decisiones, la planificación del futuro y el establecimiento de objetivos. Este circuito interviene asimismo en varias áreas del cerebro, pero la más relevante es la corteza prefrontal. Esta es la parte del cerebro que se desarrolla en último lugar y es responsable del pensamiento racional, la memoria de trabajo y otras funciones. Me gusta considerarla como la asistente ejecutiva del cerebro, y no se desarrolla completamente hasta después de los treinta años.

El cerebro tiene una capacidad de adaptación prodigiosa y no dispone de energía ilimitada, por lo que, para maximizar su eficiencia, se asegura de que los circuitos que consumen mucha energía no funcionen al mismo tiempo. Tu casa puede ser un poco similar en este sentido: si intentas poner el aire acondicionado y el microondas al mismo tiempo, saltará un fusible. El circuito de la esperanza y el circuito del miedo funcionan de la misma manera.

En lo que respecta al miedo, seguramente lo has sentido muchas veces. Cuando estás muy nervioso por una presentación en el trabajo, o cuando oyes un ruido en mitad de la noche y tratas de averiguar si alguien está entrando en tu casa, no empiezas a planear tus próximas vacaciones. Cuando estás en una respuesta de miedo, eso sería absurdo. Podemos ver inmediatamente que se trata de una respuesta adaptativa. Una razón clave por la que existe el miedo es para mantenerte atento a *este* momento, a *este* peligro potencial. Para tu cerebro, la supervivencia es la prioridad número uno.

Sin embargo, aquí viene la parte interesante, la parte que casi siempre pasamos por alto. Si es difícil sentir esperanza cuando estamos sumidos en el miedo, lo contrario también sucede: cuando estamos llenos de esperanza es difícil sentir miedo. Esto es cierto desde el punto de vista neurobiológico: la esperanza inhibe el miedo.

Un momento, disculpa, ¿has oído eso? *La esperanza inhibe el miedo*.

Así es como ocurre: la amígdala es el centro de intersección del circuito en el que se desarrolla el circuito del miedo; cuando tenemos miedo, *toda* la energía se dirige directamente hacia ella. Esto ocurre porque la percepción de la amenaza envía una gran cantidad de neurotransmisores (pequeños mensajeros químicos que envían señales por todo el cuerpo) que gritan «¡PELIGRO!», y entonces muchas partes diferentes del cerebro y el resto del cuerpo se preparan para luchar. Esto es para prepararte para hacer frente a la amenaza que tienes delante.

No estamos totalmente a merced de los caprichos de la amígdala. Si la corteza prefrontal está activa cuando se mandan los mensajes de peligro, puede enviar neurotransmisores inhibidores que ralenticen las señales de «¡PELIGRO!», lo que a su vez reduce la respuesta al miedo. Así es como la corteza prefrontal puede ayudar a regular las emociones: modulando la intensidad de las respuestas neuroquímicas. Cada vez que razones contigo mismo sobre un miedo que tienes, estás recurriendo a tu corteza prefrontal para que ejerza una influencia racional y calmante sobre tu miedo (a menudo irracional). Esto amortigua la respuesta al miedo y conduce a un estado emocional más equilibrado.

Quizá le envías un mensaje de texto a tu amiga y no te responde. Al principio no le das importancia, pero de repente te das cuenta de que han pasado cuatro horas y el circuito del miedo se activa. «¿La ofendí anoche con esa broma sobre el puercoespín?». Empiezas a mirar el teléfono cada minuto y se te hace imposible concentrarte. La corteza prefrontal te devuelve a la realidad: «Sí, es posible que esté enfadada contigo por esa broma. Pero lleváis once años siendo amigas; probablemente puedas arreglarlo. También es posible que esté en una reunión, que se haya dejado el teléfono en casa o que simplemente se haya olvidado de responderte porque ha tenido un día ajetreado». Las señales de miedo se inhiben y empiezas a sentirte más tranquilo.

¿A que es genial? Pues aún hay más.

Ya que hablamos de neurotransmisores (recuerda, esas pequeñas sustancias químicas que envían señales por todo el cuerpo), quizá te suenen los neurotransmisores serotonina y dopamina. Estos dos desempeñan un papel *fundamental* en la motivación y la regulación del estado de ánimo. (La segunda *S* de ISRS es la inicial de serotonina, inhibidor selectivo de la recaptación de serotonina). La activación del circuito de la esperanza provoca la liberación de estos neurotransmisores, que también amortiguan los procesos neuroquímicos asociados al miedo y la ansiedad. ¿Qué significa esto? En la práctica, significa que podemos controlar mucho más de lo que creemos el miedo y la ansiedad que sentimos. Significa que cuando piensas positivamente sobre una sola cosa, por pequeña que sea, estás regulando tu propio cerebro para alejarlo del miedo y la ansiedad y acercarlo al equilibrio.

Espera. ¿Estoy diciendo que tienes el control total de tu realidad emocional? No exactamente. Pero sí tienes mucho más control del que crees. Antes de que empieces a desesperarte y hacer la lista de todo lo que escapa a tu control, déjame decirte algo: lo sé. De verdad, lo entiendo. Y tienes razón. Hay muchísimas cosas que no dependen de nosotros. Las circunstancias, en gran parte, vienen dadas, nos gusten o no. Jeremy nació con una enfermedad terminal. Hay amenazas, miedos y desgracias que nos caen del cielo sin previo aviso. Y el simple hecho de que lo sepamos y aun así sigamos adelante, en lugar de rendirnos al miedo, es uno de esos milagros duros y verdaderos que conlleva ser humanos.

Y todavía más. El resto de la historia es que tenemos más margen del que creemos a la hora de decidir cómo afrontar las circunstancias que nos tocan. Esto es cierto, lo sepas o no, pero cuando lo sabes, el margen se amplía mucho más. Cuanto más logres conectar con tu circuito de la esperanza, más centrado y equilibrado te sentirás. La neurociencia es clara y contundente en esto, y los estudios más recientes no hacen más que confirmarlo.

Probablemente existan muchas más formas de activar el circuito de la esperanza de las que conocemos hoy en día, y eso es ilusionante. Significa que, a medida que avance la investigación, tendremos más herramientas para autorregularnos. Al final del capítulo voy a proponerte un ejercicio para que lo practiques, pero antes quiero contarte una historia sobre cómo, a veces, encontramos justo lo que necesitamos sin ni siquiera darnos cuenta. Porque esa historia muestra una clase de milagro al que no solemos prestar atención: el de la adaptación automática. Nos adaptamos sin ser conscientes de ello. Y eso quiere decir que hay algo en nosotros que, de forma natural, ya sabe cómo hacerlo.

Cuando se acababa el horario de visitas y todos teníamos que irnos a casa, los chicos del ala de adolescentes del hospital se quedaban solos. Las luces se atenuaban y, aunque había enfermeras entrando y saliendo, tomando constantes vitales, el ambiente se volvía más silencioso. Había televisores (entonces aún no existían los teléfonos móviles; aunque cueste creerlo, a mediados de los noventa muchos seguíamos usando bíper[*]), y te quedabas a solas con tus pensamientos. Era muy fácil dejar que el miedo tomara el control, engancharse a ese circuito mental y

[*] N. del T.: Del inglés *beeper*, también llamados buscapersonas o, simplemente, buscas.

pasarse la noche entera dando vueltas, como coches derrapando a dos ruedas por la pista.

Jeremy no hacía eso. En vez de pasarse la noche dando vueltas en su cabeza (y esto casi nunca lo contaba), dedicaba esas horas a ayudar a los otros chicos del ala de adolescentes. Se sentaba con ellos en sus habitaciones o hablaban por teléfono si no podían salir. Les preguntaba cómo iban con el tratamiento o cómo se sentían ante la operación que se acercaba. Los animaba para que no se rindieran, para que no dejaran que el miedo los atrapara. Les hacía reír. Los ayudaba a pasar el tiempo. Les daba esperanzas. Y lo celebraba cuando alguno obtenía el alta y se iba... aunque él se quedara.

Él no lo sabía en ese momento –porque ni siquiera la neurociencia lo sabía aún–, pero estaba activando y fortaleciendo su circuito de la esperanza. Una de las formas más efectivas de encender ese circuito es, simplemente, hacer algo por los demás. Piensa en lo que eso nos dice sobre cómo funciona nuestro cerebro: cuando salimos de nosotros mismos y ayudamos a alguien a alcanzar algo en una estantería alta del supermercado, o nos detenemos un segundo para sostenerle la puerta a alguien que va cargado de paquetes en la oficina de correos, el cerebro interpreta que el mundo es un lugar seguro. El centro del miedo se apaga y el circuito de la esperanza se enciende.

Es muy difícil describir la *presencia* de alguien, porque justamente lo que la hace tan real es todo aquello que se escapa de las palabras. Jeremy tenía un sentido tan profundo de lo que significa estar vivo, que creo que para la mayoría de las personas en su vida era una especie de guía, sin importar cuántos años tuvieran más que él. Su presencia era firme, serena, centrada y con la mirada puesta en el futuro. Constante. Y eso es realmente extraordinario para un chico de quince años que se está muriendo.

Una de las razones por las que perder a Jeremy fue tan devastador es que tenía un circuito de la esperanza increíblemente fuerte, y lo usaba para ayudar a los demás a construir el suyo. Nos estaba enseñando a todos que, aunque el miedo y la ansiedad pueden desorientarnos, encogernos, romper nuestros vínculos, siempre hay maneras de seguir conectando, de mantener la esperanza, de sentir y compartir la alegría. Incluso en un hospital. Incluso al final de la vida.

Sigo trabajando en mi miedo a la pérdida; hablaba en serio cuando dije que me persigue. Pero escucha, esto no es fácil de aceptar (y si te dan ganas de apartarlo o mirar para otro lado, lo entiendo), pero después de haber vivido suficientes pérdidas, puedo decir con certeza que, aunque el dolor es una auténtica mierda, también hay algo de alegría en él. Nadie habla de eso. Queremos que siga siendo algo oscuro, cerrado, terrible. Pero es demasiado rebelde y complejo para encajar solo en esa caja.

Siempre me ha incomodado un poco esa frase de «el duelo es solo amor sin un lugar adonde ir» (Jamie Anderson). Creo que me molesta porque parte de dos supuestos. El primero es que cuando la persona que amamos ya no está, ese amor no tiene adónde ir. Y eso no es cierto. El amor se redirige: a los recuerdos, a uno mismo, a otras personas. Crece. La pérdida transforma ese amor que sentías por alguien concreto en algo más profundo y universal. Se expande. El segundo supuesto es que cuando alguien muere, la relación se termina. Y eso tampoco es cierto. La pérdida, de alguna manera, afirma el vínculo. Te recuerda que esa relación no se acaba nunca.

Esta historia está llena de contradicciones, y sé que eso puede generar cierta tensión, pero también hay algo hermoso en ello. Jeremy se fue hace ya mucho tiempo. Y, sin embargo, sigue aquí. Inspiró a muchas personas en vida y lo sigue haciendo después de su muerte. Acabas de leer sobre él, y te está ayudando a comprender tu circuito de la esperanza. Y si sabemos esto sobre nuestro cerebro –que ese circuito existe y que puede atenuar parte del miedo que sentimos–, entonces tenemos muchas más posibilidades de activarlo.

PEQUEÑOS ACTOS DE GRATITUD

Voy a serte sincera: *odio* las listas de gratitud. Odio lo populares que se volvieron... y lo vacías que empezaron a resultar. Cada vez que intentaba hacer una, me parecía terriblemente forzado. Escribía con disciplina: «Estoy agradecida por el café, por mis clientes y por la conversación que tuve esta noche con mi amiga de toda la vida». Todo eso era cierto, sí, pero en cuanto lo anotaba, me venía a la cabeza que justo ayer me había quejado con mi hermana de lo absurda que me parecía la lista de gratitud, de cómo sentía que era otra cosa más que tenía que tachar del día. También le conté –y me quejé bastante de eso– que demasiados clientes se alargan *siempre* diez minutos más allá de los cincuenta reglamentarios. Diez minutos que necesito para ponerme al día con las notas, respirar un segundo e ir al baño. Y que me molestó que Jen llamara después de cenar, porque había estado hablando sin parar todo el día. No digo que no podamos sentir gratitud incluso por aquello que nos irrita, claro que sí. Pero siempre me parecía que estaba marcando casillas, haciendo una lista de cosas por las que *se supone* que debería estar agradecida... en vez de sentir gratitud de verdad.

No obstante, esta lista sigue siendo un buen punto de partida. Solo hay que llevarla uno o dos pasos más allá. Primero, activando lo que se conoce como *sensación sentida*, y luego transformando la gratitud en un gesto de amabilidad. Estos dos pasos activan el circuito de la esperanza por partida doble: por un lado, dejamos una huella emocional al registrar la gratitud; por otro, fortalecemos ese estado al hacer algo bueno por otros.

La *sensación sentida* es un concepto un poco difícil de describir, porque se refiere a cómo algo se manifiesta en el cuerpo antes de que el lenguaje lo capture. Aun así, es importante, porque conecta la mente con el cuerpo y le da a una idea una nueva capa de experiencia emocional.

Puedo contarte con palabras cuánto me gustaba rodar colina abajo detrás de los campos de *lacrosse** cuando era niña: mientras mi hermano jugaba sus partidos, yo solía subir a esa colina detrás de los campos y dejarme caer rodando, muerta de risa.

Ahora bien, contada desde la *sensación sentida*, la historia cambia: cuando pienso en rodar por esa colina, lo primero que me viene a la mente es la sensación exacta del momento en que el terreno cambiaba de arena a césped. Podía notarlo, aunque fuera demasiado rápido para verlo con claridad. De repente, pasaba de ser lento y suave a resbaladizo y veloz, y justo antes de detenerme abajo había un instante en el que me faltaba el aire. El cielo parecía tambalearse, y el suelo, en cambio, se sentía firme, estable, mientras me dejaba invadir por un mareo alegre y burbujeante. No importaba cuánto tiempo me quedara tumbada en el césped esperando a que el mundo dejara de girar..., cuando me levantaba, las rodillas seguían temblándome como si fueran de gelatina.

¿Ves a lo que me refiero? Cuando cuento la historia así, puedo sentirla.

Puedo hacer una lista de gratitud que suene plana y vacía: estoy agradecida por este rato para escribir, por esta lata de LaCroix** sabor *limoncello* y por haber dormido

* N. del T.: El *lacrosse* es un deporte muy popular en Norteamérica, especialmente en el entorno escolar y universitario. Se juega con un palo que tiene una red en el extremo, y el objetivo es pasar y lanzar una pelota para marcar goles.

** N. del T.: Una popular marca de refrescos estadounidense.

nueve horas anoche. Todo eso es cierto, pero hacer esa lista no va a tener un gran impacto. No nulo, pero sí bastante limitado.

Así que vamos a potenciarla al máximo.

GRATITUD POTENCIADA

Paso 1) Haz una lista de tres cosas por las que estás agradecido y que tengan que ver con otras personas. Puede ser algo concreto que alguien haya hecho por ti hoy (un amigo te ha llamado para preguntarte cómo estabas, tu pareja ha hecho la compra, tu madre te ha enviado ese meme que te ha hecho reír) o simplemente cualidades que admiras en otras personas.

Paso 2) Empieza por la parte superior de la lista, haz una pausa de treinta segundos e intenta sumergirte de verdad en la sensación de gratitud que sientes en tu cuerpo. No te preocupes por las palabras y las imágenes: si surgen, no pasa nada. Si no, tampoco pasa nada. Solo concéntrate en sentirlo. ¿Cómo es esa sensación desde dentro?

Paso 3) Repite esto con cada una de las cosas de tu lista, haciendo una pausa de al menos treinta segundos en cada una. Esto garantiza que la lista realmente cale en tu cuerpo y transforma lo que podría ser una tarea mecánica en algo más vivo y dinámico.

Paso 4) Elige al menos una de las cosas de tu lista, conviértela en una pequeña nota y envíasela a la persona a la que le estás agradecido. Envía esa nota. ¿Y la resistencia? Veo que levantas la mano y ya sé cuál es tu pregunta. A veces, las personas a las que más agradeces ya no están ahí para enviarles un mensaje. Escríbelo de todos modos.

Cuando empecé este capítulo, sabía que me adentraba en una cueva un poco oscura, una que no había visitado a propósito en mucho tiempo. Así que me aseguré de reunir provisiones antes de partir. Saqué fotos y notas antiguas, e hice una lista de reproducción con todas las canciones que se me ocurrieron de aquella época. Solo fui en busca de recuerdos, pero encontré mucho más de lo que esperaba. Sí, había dolor y nostalgia, arrepentimiento y una profunda tristeza que parecía detener el tiempo. Y también estaba mi vestido de graduación, que de alguna manera había olvidado que parecía un vestido de novia. Y las letras de *Wild Thing*, de Tone Loc, y *Big Pimpin'*, de los primeros tiempos de Jay-Z. Y una enorme gratitud por esa relación y por esta pérdida, la que me moldea y a veces me limita. El miedo a la pérdida, sí. Y también la gratitud. La pena, claro. Y, junto a ella, la alegría.

Y a Jeremy... gracias.

CAPÍTULO 5

El condicionamiento del miedo: alegría cuando la alegría es un disparador

Aceptar nuestra vulnerabilidad da miedo, pero es mucho menos peligroso que renunciar al amor, a la pertenencia y a la alegría; esas experiencias que más nos exponen.

Solo cuando nos atrevemos a entrar en la oscuridad, descubrimos la inmensa fuerza de nuestra propia luz.

–Brené Brown

¿Te acuerdas de Christina? Es la cliente que me mandó a la mierda y cerró el ordenador de golpe cuando le dije que tal vez necesitaba un poco más de alegría en su vida. No hay duda de que, en parte, su reacción tan fuerte tenía que ver con un fallo en nuestra conexión. Fue como si me estuviera diciendo que se estaba ahogando, y yo le contestara: «¿Y si pruebas el aeróbic acuático?». Le hablé de la alegría en el peor momento posible, y lo que ella sintió fue que no la escuchaba, que la estaba ignorando.

Otra razón por la que rechazó esa sugerencia es que probablemente pensaba en la alegría como algo superficial que brilla falsamente en la superficie de las copas de vino de los barrios residenciales. Estaba demasiado acostumbrada a la oscuridad como para creer en *esa* clase de alegría. Pero hay algo más profundo en su resistencia. Lo sé porque lo he visto en otros clientes y en mí misma. También está ahí, en la intensidad de su respuesta.

Esto no implica en absoluto que su reacción estuviera mal, de ninguna manera. Pero sí es significativa. Christina podría haber respondido de muchas otras formas. Podría haber soltado una risa y haberme pedido que se lo explicara. Podría haber preguntado «¿lo dices en serio?» y haber dejado un silencio en el que yo pudiera seguir hablando. O, simplemente, haberse recostado en la silla sin decir nada y levantar una ceja. Pero lo que hizo fue enfurecerse. El hecho de que pasara tan rápido a la rabia sugiere que se activó su respuesta de lucha, huida o parálisis. ¿Fue la alegría lo que «disparó» esa reacción? Y si fue así, ¿por qué? ¿Y qué podríamos haber hecho al respecto si hubiera seguido trabajando conmigo?

¿QUÉ ES EXACTAMENTE UN «DISPARADOR»?

No existe una definición oficial ni clínica de la palabra *disparador*,* así que necesitamos crear una propia. En términos generales, cuando decimos que algo «nos disparó» o «nos activó», normalmente nos referimos a que ha ocurrido algo inesperado que provoca una reacción emocional intensa y negativa que nos saca del presente y nos deja desbordados, paralizados o con la necesidad urgente de huir.

En algunos casos, ese elemento inesperado proviene del exterior y provoca una reacción en cadena dentro de nosotros. Por ejemplo, las luces fluorescentes de tu oficina pueden actuar como un disparador y provocarte una migraña, lo que se traduce en veinticuatro horas de dolor, náuseas y sensibilidad a la luz. Escuchar tu canción de bodas en una tienda, tres meses después de firmar los papeles del divorcio, puede despertar en ti una oleada de tristeza, hacer que broten las lágrimas de golpe en medio del local y, después, que sientas vergüenza mientras te escondes en el probador esperando a que se calme esa oleada de emociones.

Esta definición se queda un poco corta. En el ámbito del trauma, la palabra *disparador* se usaba originalmente para referirse a un fenómeno neurobiológico específico: cuando algo en nuestra percepción activa un recuerdo que no ha sido procesado adecuadamente. Eso hace que

* N. del T.: *Trigger* en inglés; también se conoce como *detonante emocional* o *estímulo desencadenante*.

el recuerdo no aparezca como algo del pasado que simplemente recordamos, sino que irrumpe con fuerza como si lo estuviéramos reviviendo en el presente.

Imagina a un veterano que acaba de regresar del frente que camina por una calle tranquila cuando, de pronto, un coche hace un ruido fuerte al petardear. Para la mayoría de la gente, es solo un sonido inesperado y estruendoso. Pero para él no es solo un ruido: es una cápsula de recuerdos. El estallido tiene el mismo tono exacto que un disparo, y ese sonido –que alguna vez significó peligro de muerte– desata una avalancha de recuerdos del combate. No revive los hechos como si fueran parte del pasado, sino que los siente como si estuvieran ocurriendo aquí mismo, en este preciso momento.

Es importante entender que esto no ocurre por una decisión consciente ni por una incapacidad para distinguir entre el pasado y el presente. No se trata de un error mental, sino de un fenómeno neurobiológico real: el cerebro y el resto del cuerpo reaccionan como si la amenaza estuviera ocurriendo aquí y ahora. El corazón se dispara, la boca se impregna de ese sabor metálico que deja la adrenalina y la respuesta de lucha o huida se activa por completo. Todo porque una parte del cerebro ha confundido el estruendo seco del coche con un peligro de vida o muerte.

Es difícil hablar de este tipo de recuerdos porque, en cierto modo, no son recuerdos. Al menos, no son recuerdos que sigan las reglas. Los recuerdos normales pueden traerse a la conciencia cognitiva, filtrarse y luego archivarse con relativa facilidad. Y durante todo ese proceso, somos conscientes de que lo que estamos filtrando ocurrió en el pasado. Los disparadores, en cambio, eluden las partes racionales del cerebro y evocan directamente una respuesta inmediata e intensa. La respuesta es abrumadora, a menudo desproporcionada con respecto a la situación desencadenante, precisamente porque no se trata del momento presente, sino de un recuerdo pasado que no ha sido completamente procesado e integrado.

Los recuerdos felices también pueden transportarnos al pasado, pero lo hacen de una manera completamente distinta. Imagina que entras en una cafetería con un amigo, en una lluviosa tarde de marzo, justo cuando el barista coloca una bandeja de galletas recién horneadas en la vitrina. El olor del azúcar moreno caliente te lleva, de inmediato, a una escena de tu infancia: estás sentado en la encimera de la cocina, viendo cómo tu madre te enseña a ablandar el azúcar moreno en el microondas, cuando se había endurecido en el armario. Tal vez le cuentes ese recuerdo a tu amigo, dejándote llevar un momento por la calidez del recuerdo. Incluso puede que decidas comprar una galleta recién salida del horno, aunque se salga bastante de la dieta paleo. Mientras revives esa escena, es probable que experimentes una mezcla de emociones: nostalgia, ternura, quizá incluso una chispa de alegría.

La diferencia es que, a pesar de lo vívido de la evocación, tu parte racional sigue activa. Estás presente, consciente de dónde te encuentras y de lo que estás haciendo, y puedes volver fácilmente al momento actual: acercarte a la barra y hacer tu pedido. Podríamos decir que el olor de las galletas evocó ese recuerdo; fue un estímulo que lo trajo a la mente. Sin embargo, no dirías que perdiste el control o que te desbordó la emoción. Y eso marca una diferencia fundamental, porque los recuerdos traumáticos operan de otra manera. De hecho, muchos expertos coinciden en que ni siquiera deberíamos llamarlos «recuerdos».

Cuando pensamos en los disparadores, tendemos a atribuir una carga negativa al estímulo y asumimos que solo reaccionamos ante cosas «malas». Esa es una de las razones por las que usé unos ejemplos tan trillados hace un momento. Los recuerdos de combate son disparadores; las ensoñaciones con galletas, no.

Pero todo se vuelve mucho más confuso cuando tenemos una respuesta emocional intensa ante cosas que no se consideran, de forma general, como «malas» o «traumáticas». Y esto es porque la naturaleza del disparador no está en el estímulo, sino en el sistema nervioso de la persona que lo experimenta. Podemos tener una respuesta emocional intensa ante prácticamente cualquier cosa, incluso ante elementos que otros no verían como negativos o amenazantes.

Sí, incluso unas simples galletas.

Imagina que tu madre recurrió a alimentarte a la fuerza cuando eras niño. Le preocupaba que te estuvieras volviendo quisquilloso con la comida, que no obtuvieras los nutrientes necesarios para crecer, por lo que recurrió a cualquier medio necesario mientras tú gritabas, llorabas y vomitabas. Puede que ni siquiera lo recuerdes conscientemente porque eras muy pequeño, pero sientes ansiedad cada vez que tienes que sentarte a la mesa para comer, y terminas comiendo en la encimera de la cocina o en el sofá. La cena no es intrínsecamente mala, ni tampoco lo son las mesas de comedor. El hecho de que te provoquen ansiedad no tiene nada que ver con lo que *son*, sino con lo que *significan*.

Todos los disparadores se activan debido al condicionamiento por miedo y, aunque no lo creas, el condicionamiento por miedo es una respuesta adaptativa muy útil que probablemente evolucionó como un conjunto de reacciones protectoras para ayudarnos a sobrevivir. Básicamente, cuando el cerebro recibe señales que indican una amenaza, inicia una serie de reacciones que permiten manejar mejor esa amenaza. Esto no es el resultado de un esfuerzo consciente; de hecho, la respuesta se produce incluso antes de que sea *posible* la intervención consciente. Esto es algo bueno, porque algunas situaciones son tan urgentes que no tenemos tiempo de esperar a la información consciente antes de actuar.

Cuando esto ocurre una vez, tenemos un comportamiento adaptativo singular. Una vez me alojé en un Airbnb para asistir a una conferencia y se activó el sistema de alarma. Era una casita de campo y tenía uno de esos sofisticados sistemas que detectan todo tipo de intrusiones en la propiedad, te dicen exactamente lo que está pasando y llaman a la policía mientras tú te escondes. Así que empezó a gritar «ventana del salón rota, ventana del salón rota» entre fuertes alarmas. En cuestión de segundos, sin pensar ni decidir qué hacer, instintivamente agarré mi teléfono y corrí por la habitación hasta la cocina, donde me escondí detrás de unos armarios. Mi cerebro recibió estímulos que sugerían una amenaza, los procesó e inició la respuesta. (Resultó ser un sensor de ventana que se había despegado).

Cuando esto ocurre de forma constante y repetida, una respuesta adaptativa singular puede convertirse en un comportamiento por defecto, casi como una memoria muscular mental. Esto también es adaptativo, aunque puede dar lugar a lo que llamaríamos síntomas invasivos. Ocurre porque nuestro cerebro está condicionado por lo que experimentamos. Si alguna vez has oído hablar de los perros de Pavlov, te sonará el término *condicionamiento*. A principios del siglo XX, Iván Pavlov descubrió que el reflejo salival en los perros podía condicionarse repitiendo un sonido específico cada vez que se les presentaba comida. Originalmente se pensaba que la respuesta de salivación solo se produciría en presencia real de comida. Lo que demostró el experimento fue que, con el tiempo, los perros salivaban en respuesta al ruido, independientemente de si había comida presente o no. Esto parecía demostrar que la respuesta de salivación en el cerebro podía condicionarse a un estímulo previamente neutro, lo que a su vez sugería que las respuestas automáticas de este órgano, aunque no conscientes, podían entrenarse.

En 1920, el psicólogo John Watson llevó a cabo un experimento para ver si el miedo era algo que también se podía condicionar. En su experimento, Watson pretendía ver si podía crear miedo a las ratas en un niño de nueve meses al que llamó Little Albert. (Tienes que imaginarte una linda rata blanca de mascota, no una rata de dos kilos del metro de Nueva York). Cuando Albert jugaba con la rata, al principio felizmente, Watson hacía un ruido fuerte y metálico. El niño rápidamente asoció el ruido desagradable con la rata y pasó de jugar alegremente con ella a negarse a acercarse y llorar cuando estaba cerca. Watson también quería poner a prueba la persistencia de la respuesta, así que hizo que Albert volviera al mes siguiente para ver si seguía respondiendo con miedo a la rata, y así fue. En un tiempo sorprendentemente corto y debido a la repetición de una respuesta negativa aterradora en forma de ruido metálico, el cerebro de Albert había creado una respuesta de miedo donde antes no existía.

¿Con qué nos quedamos, entonces? Básicamente, con dos cosas. La primera: un disparador es una reacción neurobiológica particular que nos hace pasar por alto nuestra mente racional y nos lanza a actuar antes de que podamos pensar con claridad. No se puede esquivar un disparador usando la cabeza. Lo que sí podemos hacer es prestar atención: notar cuándo estamos reaccionando en automático y, sobre todo, preguntarnos si esa reacción es desmedida frente a lo que realmente está pasando. Porque solo hay dos motivos posibles para algo así: o estamos ante un peligro real o hemos interpretado como amenaza algo que en realidad no lo es (o que incluso podría ser algo bueno). Lo importante no es tanto lo que ocurre, sino cómo lo percibimos. Y aquí viene la segunda: eso significa que cualquier cosa puede convertirse en un disparador. Incluso la alegría.

CHRISTINA: CUANDO LA ALEGRÍA DESPIERTA EL DOLOR

Christina caminaba con pies de plomo antes incluso de aprender a gatear. Era hija única, nacida de una madre cuya conexión con la realidad era tan frágil como una pompa de jabón. Su madre mostraba todos los signos de esquizofrenia, pero vivía en un entorno religioso que no creía en la enfermedad mental, así que nunca recibió tratamiento.

El padre de Christina, agotado por el cuidado constante, buscó refugio en ese tipo de olvido absoluto que solo se encuentra en el fondo de una botella de Jim Beam.

Las emociones que marcaban la infancia de Christina eran la incertidumbre, el terror y un deseo profundo de normalidad y amor. Su casa era un campo minado de extremos: a ratos todo parecía tranquilo, pero bastaba un instante para que la calma diera paso a gritos y vidrios rotos. Su madre podía ser tierna y muy brillante, pero esos momentos eran breves. La esquizofrenia envolvía su mente, distorsionando tanto la realidad que resultaba imposible comunicarse con ella. Y como nadie podía reconocer que estaba enferma, toda la familia terminaba siguiendo el compás de sus cambios, como si fuera un flautista de Hamelín desquiciado.

Como hacen los niños, Christina encontraba alivio en los pequeños momentos sin importancia: la calma que quedaba después de una tormenta dentro de casa, el calor fugaz del sol en un día frío. Pero incluso esos instantes venían cargados de un miedo profundo, porque siempre –siempre– iban seguidos de algo terrible. La alegría terminó por convertirse en un anuncio del sufrimiento. Como la mente de su madre, era un engaño: una pompa de jabón a punto de estallar, que la dejaba hundida en la desesperanza y la humillación. Aprendió muy pronto a desconfiar de la felicidad, viéndola como la antesala de alguna catástrofe. Si la alegría se atrevía a entrar en su pecho, no tardaba en ser expulsada por el siguiente estallido o colapso de sus padres.

Una vez, cuando Christina cursaba sexto de primaria, su madre le propuso invitar a unas compañeras a tomar el té. La idea era organizar una merienda especial: se pondrían ropa elegante, decorarían los pastelitos como si fueran pasteles de boda y se sentarían a la mesa del comedor, puesta con todo detalle, como si fueran parte de la realeza europea. La madre de Christina diseñó invitaciones primorosas y compró todo lo necesario, incluido un mantel adornado con rosas pintadas a mano. Cada vez que Christina pasaba por el comedor, deslizaba los dedos sobre las flores, imaginando la tarde perfecta que les esperaba y las amistades que se forjarían para siempre.

La noche anterior, su madre la invitó a entrar en el vestidor –un lugar donde nunca le permitían estar– y empezó a contarle que las madres de todas las niñas estaban conspirando en su contra. Christina se sintió especial al ser parte de ese mundo de adultos y quedó fascinada por todo lo que, según parecía, giraba en torno a su madre, tan bella. No fue sino años después cuando comprendió que toda aquella historia elaborada había sido una invención: fruto de la paranoia, el primer indicio de un episodio psicótico que ya se estaba gestando en las sombras.

Cuando llegaron sus compañeras, la madre de Christina ya se había desmoronado por completo. Lloraba sobre la masa de los pastelitos y se desgarraba la ropa y el cabello. Cuando Christina intentó calmarla, su madre lanzó un frasco de bolitas plateadas de azúcar por todo el comedor y salió corriendo descalza al jardín, gritando, mientras las niñas se quedaban paralizadas, muertas de miedo. Esa fue la última vez que Christina intentó invitar a alguien a su casa. (Incluso ahora, a los treinta y tres años, sigue sin invitar a nadie). En su mente, la alegría empezaba a quedar asociada al desastre. Por lo menos, pensó, la solución a ese problema era bastante simple: aléjate de la alegría y evitarás la catástrofe.

A medida que se iba haciendo mayor, Christina trató de dejar atrás el caos de su infancia y reemplazarlo por estabilidad, estructura y una especie de rigidez reconfortante. Las fiestas del instituto o de la universidad no le interesaban ni le parecían una forma útil de pasar el tiempo. Estaba demasiado ocupada estudiando para poder salir algún día de su pequeño pueblo. Se volcó por completo en los estudios, en el trabajo, en cualquier actividad que le diera cierta sensación de control. En sus relaciones actuaba con una cautela que rozaba la evitación, y el miedo a heredar la enfermedad de su madre la persiguió sin descanso durante toda su veintena, justo en la etapa en la que suele aparecer la esquizofrenia. Mientras la mayoría de la gente de su edad aspiraba a ser feliz, ella los miraba con una ceja levantada y las manos en la cintura. No es que los juzgara; simplemente, la felicidad le parecía un rompecabezas imposible de armar, un idioma que no sabía hablar.

Y entonces conoció a Dan. Era ingeniero de profesión y artista en su tiempo libre: una mezcla fascinante de estructura y aventura. Tenía un punto romántico y valiente, pero también era lógico y sereno. Le encantaba ir a conciertos en vivo y trasnochar, pero casi nunca faltaba al trabajo. No buscaba evadirse, sino expandirse, y por eso prefería la marihuana y los hongos al alcohol. Le daba seguridad a Christina y la hacía reír.

Los años en que salieron fueron casi perfectos: maratones de cine, recorridos gastronómicos por ciudades nuevas, conciertos en estadios enormes y noches románticas en bares con encanto. Viajaban, se reían, discutían un poco, se fueron a vivir juntos y parecían la combinación ideal de polos opuestos. Christina le daba estabilidad a Dan, y Dan le enseñaba a Christina a soltarse... lo justo. Tuvieron dos hijas y se mudaron a las afueras. Y fue entonces cuando todo empezó a desmoronarse.

Después de cada parto, Christina se vio atrapada por una ansiedad posparto abrumadora. Todo aquello que al principio le había resultado atractivo de Dan comenzó a irritarla. Ya no lo veía valiente, sino temerario. No se preocupaba lo suficiente por las niñas, no las vigilaba con atención, no les daba importancia a los horarios, no entendía por qué había que ser tan estrictos. Christina empezó a sentir que no hacía nada bien y se volvió ferozmente crítica. Discutían amargamente por el lavavajillas: cómo había que cargarlo, cómo descargarlo y cuándo. Dan no entendía lo que había pasado ni por qué; de repente, ya no conseguía hacerla reír. Sentía que su esposa se le escapaba y le escribía largas cartas con la esperanza de rescatarla de ese lugar frío y oscuro al que parecía haberse ido. Ella empezó a odiar esa calma suya para todo, que pudiera quedarse tan tranquilo en el sofá viendo la tele mientras las niñas jugaban, o que no le molestara ver los platos apilados en el fregadero.

En una sesión, completamente fuera de sí, Christina describe una noche en la que se encontró de pie en la cocina, mirando hacia el salón, donde Dan estaba sentado, con tanto odio que sentía como si le hirviera por dentro. Estaba recogiendo después de la cena –nadie lo hacía bien, así que echaba a todos de la cocina en cuanto terminaban de comer– y Dan estaba en el sofá. Solo sentado. No leía, no miraba nada, no jugaba. Las niñas estaban en el suelo, entretenidas, y él simplemente permanecía ahí. Sentado. «Yo no podría hacer eso nunca –me dice Christina–. Quedarme ahí sentada. Como una puta piedra. Yo en la cocina, limpiando y limpiando después de diez horas de trabajo y otra más cocinando y preparando todo, y él... Él está. Ahí. Sentado. Con esa sonrisa idiota mientras mira a las niñas».

El desprecio que Christina siente por Dan es casi chocante; tiene tanta carga de energía que podría iluminar Dubái entero. Pero en realidad, ese desprecio no tiene mucho que ver con Dan. Y puede que ahora sea desprecio, pero al principio fue envidia. Y solo podemos sentir envidia por aquello que no tenemos.

¿Y qué es lo que tiene Dan que a Christina le falta de forma tan dolorosa? La capacidad –y la libertad– de relajarse. De sentarse en el sofá sin hacer nada más que mirar a sus hijas jugar.

Las emociones a veces se mantienen latentes. Y eso solo puede terminar de dos maneras: o bien se disipan poco a poco, o bien llegan a un punto de ebullición y se transforman en otras emociones. La depresión puede funcionar así: permanece latente durante un tiempo y, de pronto, estalla en forma de ira o irritación. Lo mismo ocurre con el miedo. Christina ha vivido con un miedo latente durante toda su vida, y ese miedo, que hasta ahora parecía controlable, ha acabado desbordándose en forma de una rabia incontrolable. Ella no lo ve aún, pero en realidad no odia a Dan: tiene miedo. Su envidia nace del miedo. La alegría –y todo lo que viene con ella: la esperanza, el descanso, la fe, la euforia...– es una amenaza. Y el hecho de que Dan no lo perciba así la hace sentir insegura a su lado y profundamente sola.

Tan sola como su madre, que vivía encerrada en una realidad dominada por el terror.

Recordemos algo importante: podemos ser condicionados a temer prácticamente cualquier cosa, y el miedo a la alegría puede aparecer de dos maneras distintas. La primera ya la conocemos: en el caso de Christina (y de muchos otros), los momentos alegres solían preceder a algo terrible, y su cerebro acabó asociando esas dos experiencias. Así, la alegría quedó marcada como un peligro, y su sistema aprendió a evitarla por completo.

La evitación, en este contexto, nos da una falsa sensación de control. Sentimos que, mientras sigamos esquivando la alegría, nada malo podrá alcanzarnos. Pero si en algún momento se nos olvida evitarla, y algo sale mal o nos duele, entonces pensamos que es culpa nuestra por habernos permitido sentir algo bueno.

En el cerebro en formación de Christina, la ilusión previa a la merienda elegante en sexto curso fue un error suyo. La historia no puede ser que su madre está enferma y necesita ayuda desesperadamente, porque aunque eso sea cierto, nadie a su alrededor va a confirmar esa verdad, y además es algo que Christina no puede controlar. Cuando no tenemos poder sobre algo terrible, a veces decidimos que fue culpa nuestra, que cometimos un error. Porque así, solo tendríamos que descubrir qué falla en nosotros y cómo arreglarlo, y entonces podríamos cambiar el rumbo.

El cerebro de Christina busca qué parte de todo aquello estuvo bajo su control a los once años, y llega a la conclusión de que el error fue haber dejado que entrara la esperanza. Debería haber sabido que esa alegría y esa ilusión estaban fuera de lugar. Tal vez, si no se hubiera dejado cegar por la esperanza, habría podido ver la paranoia de su madre la noche anterior como una advertencia, y habría cancelado todo antes de que sus compañeras presenciaran esa cara oscura y terrible de su vida cotidiana.

La alegría no se vive como alivio, como descanso; se vive como una amenaza, como un presagio, como el canario en la mina de carbón* que era su corazón de once años.

* N. del T.: En referencia al canario enjaulado que utilizaban los mineros de las primeras minas de carbón para detectar fallos en los sistemas de ventilación. Si el canario moría la mina era evacuada.

EL CONDICIONAMIENTO DEL MIEDO Y EL EFECTO REBOTE

La segunda forma en que podemos volvernos reacios a la alegría es un poco más indirecta y tiene que ver con la manera en que el sistema nervioso aprende esta ecuación:

alegría = peligro

Primero, piensa en todo lo que la alegría podría hacer en tu cuerpo si te permitieras dejarla entrar por completo. La alegría es una apertura, un soltar, un aflojar. Imagina cómo sería sentarte en una cafetería y ponerte, por un momento, a soñar despierto. Los hombros bajan, se alejan de las orejas; la mandíbula se relaja. La mirada se suaviza mientras fijas los ojos en un punto cualquiera, soñando despierta. Puede que esboces una leve sonrisa mientras imágenes e ideas flotan en tu mente, encadenándose unas con otras. Probablemente te sientas tan a gusto con tu pequeña ensoñación que ni siquiera notes al hombre que, de pronto, está demasiado cerca de ti. Y ni te enteras cuando te arranca el bolso y sale corriendo del café.

¿Qué pasó? ¿Cómo? ¿Ves? ¡Esto es lo que hace la alegría! Te deja indefenso ante un mundo que, en realidad, ya estaba a punto de embestirte. Deberías haberlo sabido. ¡Lo sabías! Pero te relajaste. Te descuidaste. Y ahora es culpa tuya.

Después de haber vivido suficientes experiencias de alegría que, como esta, terminan en algo espantoso, tu cerebro y el resto de tu cuerpo aprenden a rechazar esta emoción sin pedirte permiso. Simplemente se saltan al intermediario. Esto es un condicionamiento del miedo en una versión más sofisticada: empiezas a experimentar cada vez menos alegría y durante periodos cada vez más breves. Te sientes en calma, estás disfrutando de esa calma, y de pronto tu cerebro y todo tu cuerpo te recuerdan que el mundo es aterrador y que será mejor que vuelvas a prestar atención. O si no...

Esto es un ejemplo de lo que en medicina se conoce como el *efecto rebote*.* El efecto rebote es un fenómeno en el que los síntomas que estaban disminuyendo o bajo control gracias a un tratamiento determinado reaparecen de pronto con más fuerza. Imagina una infección bacteriana que está siendo tratada con antibióticos. A menudo, los pacientes sienten una mejoría notable en los síntomas dentro de las primeras veinticuatro o cuarenta y ocho horas. Pero si las bacterias desarrollan resistencia, la infección vuelve con fuerza, y los síntomas pueden ser incluso peores que al principio.

En el caso de una infección, la explicación del rebote es bastante simple: las bacterias se volvieron más resistentes, y la batalla que parecía casi ganada da un giro inesperado.

Pero la cosa se complica cuando hablamos de tratamientos dentro del campo de la psicología. ¿Por qué una

* N. del T.: *Snapback effect* en inglés.

persona que empieza a sentirse menos deprimida o ansiosa durante un tratamiento puede experimentar de pronto un rebrote? Históricamente, se ha culpado al paciente: como no había una explicación lógica aparente para que un tratamiento eficaz dejara de funcionar de golpe, se asumía que el problema era de la persona.

Sin embargo, lo que indica la ciencia actual es que este efecto rebote podría deberse a que el sistema nervioso reacciona en contra del tratamiento. No porque no esté funcionando, sino justamente porque sí lo está haciendo.

Como dije: no es tan simple.

Para entender esto, necesitamos tomar prestados dos conceptos clave de la biología: homeostasis y alostasis. Una de las cosas más asombrosas y milagrosas que hace nuestro cuerpo, sin que tengamos que hacer absolutamente nada, es mantener la homeostasis. Esto significa que el cuerpo es capaz de mantener un entorno interno estable a pesar de los cambios externos. Varios sistemas del organismo se encargan de regular constantemente funciones como la temperatura, la presión arterial o los niveles hormonales, para asegurar que las células y los órganos funcionen en condiciones óptimas. Nuestro cuerpo siempre está buscando ese equilibrio. Lo hace todo el tiempo, incluso cuando dormimos, y sin que tengamos que pensar en ello. Dale un aplauso a tu cuerpo: este es un trabajo fundamental (y muy poco reconocido).

La alostasis es el proceso mediante el cual el cuerpo mantiene la homeostasis en medio de circunstancias cambiantes. En esencia, es la forma en que el organismo responde a factores de estrés ajustando sus sistemas fisiológicos para conservar un punto de equilibrio. Ahora mismo, si estás sentado en el sofá leyendo esto, probablemente no estés sudando. Pero si te levantas y haces una caminata rápida bajo el sol, tu cuerpo responderá al cambio de actividad, al calor y a la humedad liberando sudor para regular tu temperatura. Si la homeostasis busca mantener todos los sistemas en un estado constante, la alostasis implica adaptarse a nuevas condiciones regulando hacia arriba o hacia abajo ese punto de equilibrio, con el fin de que el cuerpo se mantenga relativamente estable a pesar del cambio.

El cuerpo siempre está tratando de alcanzar la homeostasis, incluso cuando tienes una enfermedad o afección crónica. Por ejemplo, si tienes ansiedad, tu cuerpo se va adaptando con el tiempo mediante la alostasis. Las personas que han sufrido un ataque de pánico suelen recordarlo con una enorme claridad y en un nivel de detalle insoportable:

> *Estaba caminando por la sala y, de pronto, me invadió una sensación tan intensa de terror que caí de rodillas. El corazón se me aceleró, la piel me ardía, y estuve a punto de llamar a emergencias porque pensé que estaba teniendo un infarto.*

Esto ocurre en parte porque la experiencia fisiológica de un ataque de pánico supone una desviación enorme respecto al estado habitual del cuerpo. Con el tiempo, y a medida que se repiten los episodios, el organismo eleva su punto de equilibrio interno para dar cabida a estas nuevas sensaciones. Puede que esto signifique, por ejemplo, que tu frecuencia cardíaca en reposo hoy sea más alta que hace cinco años, antes de que tuvieras ansiedad. Tu cuerpo está intentando adaptarse a los cambios y funcionar de la forma más eficiente posible.

Aunque este es el modo que tiene el cuerpo de adaptarse –algo crucial y que puede salvarte la vida–, también tiene efectos secundarios. Por ejemplo, cuanto más tiempo llevas conviviendo con algo como la ansiedad, más difícil resulta tratarla, porque tu sistema ya se ha acostumbrado a ese estado y tenderá a volver, por reflejo, al nuevo «punto normal» de ansiedad al que se ha habituado. Supongamos que empiezas a tomar un ansiolítico como Xanax. Este medicamento incrementa automáticamente la cantidad de GABA en el cerebro, lo que te ayuda a sentirte más tranquilo en cuestión de minutos (el GABA, o ácido gamma-aminobutírico, es un neurotransmisor que calma el sistema nervioso central). El problema es que tu cuerpo, a través de la alostasis, ya se acostumbró a una frecuencia cardíaca más elevada, así que en cuanto el efecto del medicamento empieza a desaparecer, tu organismo intenta ayudarte disparando de nuevo el ritmo cardíaco al nivel anterior. Y zas, aparece el pánico de rebote, ese efecto secundario que muchas personas, yo incluida, describimos como incluso más intenso que la ansiedad que el medicamento buscaba aliviar en un principio.

Puede sonar contradictorio, pero en realidad es tu cuerpo intentando ayudarte. Cuando un tratamiento logra reducir los síntomas, también interrumpe, sin querer, el equilibrio al que el organismo ya se había acostumbrado, aunque ese equilibrio fuera disfuncional. Y como el cuerpo quiere volver a ese estado conocido, puede aparecer un efecto rebote: los síntomas regresan con fuerza. Esto es todavía más probable cuando el problema lleva mucho tiempo presente. El sistema nervioso se ha adaptado a ese estado alterado –ese malestar ya se ha vuelto su normalidad– y va a resistirse al tratamiento eficaz generando una especie de retroceso. Es como si tu cuerpo confundiera la mejoría con una amenaza y reaccionara contra ella, casi como si fuera un trastorno autoinmune, pero emocional.

Esto tiene sentido cuando hablamos de medicamentos y dolencias. Pero, a ver..., la aversión a la alegría no es una enfermedad, y la alegría tampoco es una medicina, ¿no? Bueno, espera un momento. Veamos qué efectos tiene la alegría en el cuerpo, el cerebro y el sistema nervioso.

En el cerebro, la alegría desencadena la liberación de varios neurotransmisores y hormonas, como la dopamina, la serotonina y las endorfinas. La dopamina nos proporciona sensaciones de placer, logro y satisfacción. La serotonina estabiliza nuestro estado de ánimo y nos ayuda a sentir felicidad y satisfacción. Nuestras endorfinas, analgésicos naturales, elevan el estado de ánimo y reducen el malestar. La alegría provoca una disminución de las hormonas relacionadas con el estrés, como el cortisol y la epinefrina, lo que reduce la presión arterial, aumenta la respuesta del sistema inmunitario y relaja los músculos. Además, activa el sistema nervioso parasimpático, responsable de las respuestas de «descanso y digestión» del organismo. Esta activación contrarresta las reacciones de «lucha o huida» del sistema nervioso simpático ante el estrés, lo que conduce a un estado de relajación y equilibrio.

Así pues, la alegría y todas sus emociones hermanas *son* una especie de medicina. Y precisamente la clase de medicina que contrarresta el estrés. Si la alegría es una medicina y el estrés es una enfermedad, un sistema estresado crónicamente puede inducir sin duda un efecto rebote ante la alegría.

Cuando una persona traumatizada e hipervigilante comienza a experimentar momentos de alegría, estas emociones positivas dan lugar a cambios significativos en su cerebro y el resto de su cuerpo. Como hemos visto, la alegría puede bajar momentáneamente la guardia, reducir los niveles de hormonas del estrés y activar el sistema nervioso parasimpático, promoviendo una sensación de paz y seguridad. Sin embargo, este cambio también puede ser sorprendente para un sistema condicionado a un estado de alerta constante, también conocido como hipervigilancia. El contraste repentino entre los estados de hipervigilancia y relajación puede desencadenar un efecto rebote, en el que el sistema nervioso de la persona vuelve rápidamente a su estado de alerta previo.

Una vez más, es fundamental recordar que se trata de un mecanismo de protección, una respuesta aprendida con el tiempo para evitar la vulnerabilidad que podría derivarse de bajar la guardia. Pero en nuestro caso, está interfiriendo al convencer a Christina de que Dan es peligroso y que, o cambia su comportamiento, o se va. No hay nada mal en Christina; de hecho, su cuerpo está intentando protegerla. El efecto rebote es real y complicado, sí, pero no es el final de la historia. No es una situación desesperada.

Si tu sistema se adaptó a la hipervigilancia, al estrés y a la ansiedad, no está todo perdido. ¿Y por qué no? Precisamente porque tu sistema *se adaptó* a la hipervigilancia, al estrés y a la ansiedad. Es decir, es un sistema adaptable. Solo tenemos que lograr que se adapte a la alegría. ¡Ya!

PENDULACIÓN Y EXPOSICIÓN GRADUAL

¿Has visto alguna vez esa serie de HBO titulada *En terapia*? Es una ficción sobre un psicoterapeuta, y cada episodio es una sesión con un paciente distinto. En los créditos de apertura, la cámara se detiene en una máquina de olas que está en una estantería del consultorio: una pieza de arte cinético diseñada para simular el movimiento del mar. Imagina una caja rectangular y transparente, con un líquido azul en su interior. Está apoyada sobre una base que se inclina suavemente de un lado al otro, en un vaivén constante. Dentro, el líquido azul se balancea de forma perpetua, de un lado al otro, una y otra vez.

Al principio podrías pensar que solo es parte de la escenografía: una versión actualizada del péndulo de Newton (ese juguete de escritorio con las bolitas plateadas que chocan de un lado al otro; seguro que lo has visto, porque aparece en todos los escritorios de terapeutas en películas y series). Pero con el tiempo, vas viendo todo lo que ese objeto transmite. No solo está presente en los créditos iniciales, sino que se muestra en todos los episodios y acompaña a los personajes a lo largo de sus procesos. Con el tiempo, se vuelve un símbolo del ir y venir de cada sesión, del cambio que atraviesan tanto los pacientes como el terapeuta, del flujo de emociones. También es una imagen perfecta para tener presente aquí, porque el movimiento que está en el corazón de ese objeto simbólico es el mismo que necesitamos activar para sanar nuestra aversión a la alegría: la pendulación.

Peter Levine creó el enfoque terapéutico llamado *experiencia somática* para tratar el trauma. Partiendo de la idea de que el cuerpo tiene un ritmo natural y de que sanar un trauma requiere tiempo y constancia, Levine desarrolló un sistema de métodos de curación que incluye la pendulación y la titulación o exposición gradual.

La *pendulación* consiste en oscilar de manera cuidadosa y consciente entre estados de activación y de calma, como si se tratara del movimiento de un péndulo. Tal vez se entienda mejor si lo comparamos brevemente con un enfoque opuesto. En la terapia de exposición prolongada (el tratamiento de referencia para el TEPT en Estados Unidos), se guía al paciente para que relate con todo detalle un recuerdo traumático, con los ojos cerrados. La sesión se graba, y se le indica al paciente que la escuche una y otra vez entre sesiones. La idea es que, con el tiempo y con suficiente exposición sostenida, los recuerdos pierdan intensidad y dejen de funcionar como disparadores. En teoría, este método tiene cierta lógica. Sin embargo, desde la experiencia de quienes lo viven, la terapia suele compararse con una forma de tortura, tiende a provocar pensamientos suicidas en los pacientes y tiene la tasa de abandono más alta entre todas las intervenciones diseñadas para tratar el TEPT (un cincuenta por ciento).[1]

La pendulación toma un camino completamente distinto: evoca con suavidad recuerdos activadores, se observa cómo se manifiestan en el cuerpo a través de síntomas somáticos y se guía rápidamente al paciente de vuelta a un estado de seguridad. No solo es un método más compasivo, sino que también aprovecha la capacidad innata del cuerpo para buscar el equilibrio y la sanación, y parte de la premisa de que si una intervención se aplica con demasiada intensidad, es probable que genere una respuesta negativa o de rechazo... o incluso un efecto rebote, como en este caso. De hecho, la pendulación contempla esa posibilidad y ya incluye un mecanismo para ayudar al paciente a volver a un estado de calma y seguridad cuando eso ocurre, evitando que el tratamiento quede anulado por completo.

Para alguien que es reacio a la alegría, la pendulación puede implicar inicialmente evocar una ligera sensación de placer o un recuerdo feliz, algo tan simple como la calidez de la luz del sol en la piel o el sabor de tu fruta favorita. A medida que notas cualquier incomodidad o resistencia que surja, lo cual no solo es normal aquí, sino deseable, vuelves a centrar tu atención en una sensación neutra o que te conecte con la tierra, como la sensación de tus pies sobre el suelo de madera fría. Luego, una vez que se ha estabilizado durante unos minutos, vuelve al recuerdo feliz. Este movimiento de ida y vuelta, como el suave arco de la máquina de olas, ayuda al sistema nervioso a acostumbrarse a la sensación de alegría sin sentirse abrumado, lo que facilita un reencuentro gradual con los sentimientos positivos. Como esto se hace lentamente, el sistema nervioso puede entrar en una especie de alostasis suave, acostumbrándose gradualmente a un estilo de vida menos hipervigilante.

La *titulación* es un término que quizá reconozcas de la medicina. A veces se titula un medicamento a los pacientes, es decir, se divide la dosis clínica de un fármaco en dosis mucho más pequeñas que se administran a lo largo del tiempo para que se acostumbren a él. También se puede hacer al revés, de modo que, en lugar de suspender el medicamento de golpe (lo que a veces puede provocar un síndrome de abstinencia potencialmente mortal), los pacientes toman una dosis cada vez menor hasta que finalmente lo dejan por completo. Psicológicamente, la titulación es el proceso de exponerse gradualmente a pequeñas dosis manejables de experiencias emocionales o sensoriales relacionadas con un trauma o, en este caso, con la alegría. Es similar a añadir colorante gota a gota a un vaso de agua en lugar de verter todo el frasco de una vez. Esto permite que el sistema asimile el cambio y se adapte a él sin sentirse abrumado.

Para alguien que sufre aversión a la alegría, la titulación o exposición gradual podría consistir en reservar unos momentos cada día para realizar una actividad que le proporcione una ligera sensación de felicidad o satisfacción, como escuchar una pieza musical, practicar un poco de mindfulness o simplemente sentarse en un parque a mirar a los perros. La clave es empezar con dosis muy pequeñas de alegría (ya sabes, esos pequeños placeres), permitiendo que poco a poco se desarrolle la tolerancia y la resiliencia a expresiones más intensas de felicidad.

Sabemos que la pendulación y la titulación son eficaces para tratar el trauma, así que utilicémoslas para tratar la aversión a la alegría que a veces acompaña al trauma. Podemos considerarlas como vías suaves que invitan al sistema nervioso a recalibrarse y a reabrirse a la experiencia de la alegría. Al oscilar entre la comodidad y la ligera incomodidad (pendulación) e introducir la alegría en pequeñas dosis manejables (titulación), podemos aprender a navegar por los paisajes emocionales con mayor facilidad y confianza. Este proceso no solo mitiga el miedo y la resistencia asociados a la alegría, sino que también fomenta una conexión más profunda y duradera con las experiencias positivas, allanando el camino para la sanación y el crecimiento.

·

EL PUENTE DE AVA

Después de que Christina me colgara, nuestra relación se acabó, pero mi día no. Mi siguiente sesión era con Ava, una mujer increíblemente dulce y encantadora que estaba tan asustada por el contacto humano que no podía soportar que la cámara de Zoom le mostrara toda la cara. Quería llegar a ese punto de comodidad y sentía que era importante desafiarse un poco, así que nos adaptamos a su miedo. Inclinó la cámara para que solo pudiera ver sus ojos y su frente. La presencia de Ava es notable, única y multifacética. Es increíblemente tranquila y serena, el tipo de persona con la que te alegrarías de quedarte atrapado en un ascensor, y al mismo tiempo es divertida e irreverente. Es ambiciosa y brillante, pero tiene unos ojos enormes e infantiles y una imaginación desbordante y creativa. Una de sus aficiones favoritas es la ficción fantástica: tiene unas enormes estanterías negras que cubren la pared de su salón y en las que hay cientos de libros con cubiertas moradas, doradas y plateadas con títulos como *Las nieblas de Avalón* y *Dragonlance*. Después de nuestras sesiones, a menudo tomaba un concepto del que habíamos hablado y creaba dibujos elaborados y fantásticos que me enviaba antes de nuestra siguiente sesión. Las cuevas, los dragones y los ríos caudalosos ocupaban un lugar destacado.

Los primeros años de Ava sentaron los cimientos de un muro alrededor de su corazón. Tras sufrir traumas en la infancia a manos de sus padres adoptivos, aprendió a equiparar la alegría con la vulnerabilidad, y la vulnerabilidad con el dolor. Al igual que Christina. Para Ava, los momentos de felicidad eran fugaces y enseguida quedaban envueltos por una ola de oscuridad. Esto le inculcó un miedo intenso a la alegría, que ella comparaba con estar a la deriva en un río caudaloso: incontrolable, impredecible y potencialmente devastador. Prefería estar en su cueva. Por ello, su vida era muy limitada. Trabajaba, volvía a casa y leía sus libros, y eso era todo. Le gustaba que fuera así. El mundo a través de los ojos de Ava se había convertido en un paisaje de amenazas ocultas; su hipervigilancia era su única protección. La alegría era el canto de una sirena que la atraía hacia las rocas de las heridas del pasado. Vivía esperando que cayera el otro zapato, que la alegría fuera el presagio de un dolor imprevisto. Creía que era más seguro permanecer en la orilla del río de la vida que adentrarse en sus corrientes impredecibles.

El único problema era que, aunque se sentía segura y protegida en la cueva, empezaba a querer asomar la cabeza un poco. Comenzamos a hablar sobre la vida que llevaba y en qué se diferenciaba de la que quería vivir.

Al principio se quedó perpleja, pero luego me envió un dibujo precioso de un dragón acobardado que se asomaba desde una cueva. Estaba en un trozo de tierra y, a su alrededor, todo era oscuridad. Había un río y, al otro lado, otro trozo de tierra iluminado por el sol, lleno de flores silvestres, hierba frondosa y mariposas. «Yo soy el dragón –escribió–. Y quiero llegar al otro lado. Desesperadamente. Pero los dragones no saben nadar, ni siquiera es que no sepa cómo, es que no puedo y nunca podré, así que ¿cómo voy a cruzar al otro lado?».

Tengo que confesarte algo: la fantasía no es lo mío. Nunca me ha atraído y, en general, cada vez que aparecen dragones, mariposas mágicas o cualquier otra historia por el estilo, desconecto por completo. El último libro de fantasía que intenté leer fue en quinto de primaria, y lo dejé de lado a la primera de cambio. Pero Ava era tan encantadora, y su amor por la fantasía era tan profundo, que decidí darle una oportunidad. Me alegro muchísimo de haberlo hecho.

Empezamos con el dibujo en nuestra siguiente sesión.

–No aprenderé a nadar. Ya sé que me vas a decir que puedes enseñarme, pero no es cierto. No puedes enseñarme a nadar. Nunca voy a llegar al otro lado.

Ava quiere que le enseñe a nadar, aunque, al mismo tiempo, ha levantado una barrera para asegurarse de que no lo haga. Nuestros mecanismos de protección son ingeniosos, pero pasan tanto tiempo construyendo sus propias defensas que se olvidan de que, a veces, podemos rodearlas por completo. La clave consiste en aceptarlas y encontrar una forma más creativa de avanzar.

–Lo entiendo muy bien –le digo–. Los dragones no saben nadar. Son demasiado pesados, y el agua empapa sus alas hasta dejarlas inútiles. –Aceptar la defensa. Y luego, encontrar una vía alternativa–: Pero... ¿y si construimos un puente?

Ava parpadea. No se le había ocurrido.

–¿Cómo se hace eso?

Después del desastre con Christina, yo me hago la misma pregunta.

Con la experiencia de Christina todavía fresca, quiero avanzar con calma y asegurarme de tener presente la pendulación y la titulación, para evitar cualquier efecto rebote con Ava. Siguiendo su ritmo, empezamos por construir cada uno de los mundos. Comenzamos por donde ella ya se sentía cómoda: la cueva.

A lo largo de un par de sesiones, exploramos la cueva juntas. ¿Cómo era ese lugar? Cómodo. Oscuro. Solitario.

–Aquí no hay energía de nadie más –explica Ava, con los ojos cerrados–. Puedo respirar hondo.

Vamos aprendiendo a medida que avanzamos. La cueva se había vuelto un tema recurrente para Ava porque en la casa de sus padres de acogida había una silla enorme que ella solía transformar en una especie de fortaleza. Podía esconderse debajo cuando tenía miedo o se metía en problemas. Nadie más era lo bastante pequeño como para meterse ahí con ella, así que sabía que, si se quedaba abajo, estaba a salvo.

Cuando Ava se sintió segura, empezamos a construir tablones que la alejaran del miedo y la acercaran a la alegría. Juntas pensábamos en pequeñas actividades que pudiera hacer y que desafiaran un poco ese miedo. Una semana fue a sentarse sola a una cafetería, solo a observar a la gente. A la semana siguiente, se animó a iniciar una breve conversación con el encargado del establecimiento. A la otra semana, le pidió a una vieja amiga que tomaran un café juntas. Esa salida la ponía nerviosa: llevaba años sin socializar fuera del trabajo y no tenía nada claro si iba a poder con eso. Decidimos que podía simplemente acudir y luego ver cómo se sentía. Le preparamos una salida de emergencia, por si de repente no se veía capaz de quedarse.

Pero al final, ella y su amiga terminaron sentadas en la cafetería durante tres horas, riéndose, recordando anécdotas del colegio y chismeando sobre antiguos amores. Cuando llegó a la siguiente sesión para contármelo, tenía la cámara inclinada hacia abajo, y pude ver todo su rostro. Me emocioné hasta las lágrimas al verla compartir su alegría, sin miedo.

Eso terminó convirtiéndose, en esencia, en una historia épica en tres partes que recorrimos juntas. Tú también puedes hacerlo. Es fácil, divertido, y puedes adaptarlo a tu manera.

1.ª PARTE: CREAR MUNDOS

Lo primero que tienes que hacer es comprender dónde te encuentras. Aquí visualizarás tu «cueva protectora» y el «mundo fantástico» que deseas. Esto te dará una idea objetiva de dónde te encuentras, cómo has llegado hasta ese lugar y adónde quieres ir. Recuerda que, por ahora, no es necesario que hagas nada al respecto.

Paso 1) Siéntate y piensa en tu cueva protectora, el lugar donde estás protegido de todo lo que te abruma, incluida la alegría. Puedes escribir sobre ella, dibujarla, pintarla o todo ello. Mientras lo haces, piensa: ¿qué la hace segura?, ¿qué la hace agobiante? Incluye detalles sobre el entorno, los sentimientos que evoca y por qué te refugias allí.

Paso 2) Ahora describe tu mundo fantástico, el lugar al que quieres llegar. Puedes hacerlo en el reverso de la misma hoja o en otra. Deja volar tu imaginación. ¿Cómo es, qué se siente, cómo huele? ¿Quién o qué hay allí contigo? ¿Qué actividades te hacen feliz en este lugar? Este es tu espacio de alegría y plenitud sin límites. No te preocupes porque haya aspectos que no son reales: ¡probablemente simbolizan algo!

Paso 3) Reflexiona sobre lo que representa para ti el río que separa estos dos mundos. ¿Es el miedo, un trauma pasado, un sistema de creencias, las tres cosas? ¿O algo completamente diferente? ¿Qué pasa cuando te adentras en el agua? Escribe o dibuja estas barreras, reconociendo lo que te impide cruzar al mundo de fantasía.

Paso 4) Si te sientes cómodo haciéndolo, comparte tus dibujos o escritos con una persona de confianza. Hablar sobre tu cueva protectora y tu mundo fantástico puede proporcionarte información y hacer que los siguientes pasos sean más tangibles.

2.ª PARTE: CONSTRUIR UN PUENTE

Ahora que sabemos cómo es tu cueva y por qué has acabado allí, así como el mundo al que quieres llegar, tenemos que pensar en cómo pasar de un lado al otro. Lo que necesitamos son pasos pequeños y factibles. Y ser siempre conscientes de que podemos volver a la seguridad de la cueva tantas veces como sea necesario.

Paso 1) Utilizando las ideas de la primera parte, piensa en posibles «tablones» o pasos que podrían formar un puente hacia tu mundo fantástico. Deben ser acciones o cambios de mentalidad pequeños y manejables. Por ejemplo, si el río representa el miedo al rechazo, un tablón podría ser ponerse en contacto con un amigo para charlar.

Paso 2) Después de completar tu acción, reflexiona sobre la experiencia. ¿Cómo te sentiste? ¿Qué aprendiste? Toma nota de estos pasos y reflexiones para seguir tu progreso a lo largo del tiempo.

Paso 3) Añade gradualmente más tablones a tu puente. Cada uno debe basarse en los anteriores, ayudándote a avanzar de forma lenta pero segura hacia tu mundo fantástico. Celebra cada éxito, por pequeño que sea.

3.ª PARTE: ESTABLECER RESIDENCIA

Ahora que hemos empezado a avanzar hacia una vida más feliz, es el momento de consolidar tu lugar en tu mundo de fantasía. No te preocupes, tu cueva está pagada y nadie te la puede quitar. El objetivo aquí es invertir el tiempo que dedicas a cada mundo, de modo que pases la mayor parte en tu mundo de fantasía y visites tu cueva cuando lo necesites, en lugar de vivir en tu cueva y visitar el mundo de fantasía.

Paso 1) En tu mundo de fantasía, crea un espacio donde te sientas más en paz y feliz. Plasma este espacio de alguna manera: busca imágenes de cómo podría ser, dibuja algo o escribe los detalles. Tal vez sea un banco en un parque o una pequeña cabaña encantadora en una colina. ¿Cómo es? ¿Qué haces allí? ¿Cómo te sientes? Este espacio simboliza tu capacidad para sentir alegría después de meses o años de reprimirla.

Paso 2) Comprométete a «visitar» este espacio con regularidad, a través de la visualización, el dibujo o la escritura. Cada visita refuerza tu creencia en tu derecho a la alegría y la felicidad. Reconoce que el puente que has construido no es solo un camino puntual, sino una ruta por la que puedes viajar siempre que lo necesites. Podrás visitar tu cueva protectora cuando sea necesario, pero ahora sabes cómo volver a la alegría.

Paso 3) Celebra tu viaje y, si te sientes cómodo, comparte tu experiencia con otras personas. Tu viaje puede inspirar y animar a quienes también están luchando por encontrar su camino hacia la alegría.

El viaje de Ava no fue lineal ni estuvo libre de contratiempos, pero eso es lo bonito del aspecto fantástico: nos embarcamos en un viaje épico, no en un aburrido paseo. Además, sabíamos que se avecinaban momentos duros y nos habíamos preparado para ellos. Hubo días en los que el río parecía demasiado ancho y la corriente excesivamente fuerte. Pero con cada pequeño acto de valentía, con cada momento de alegría que abrazaba, Ava afianzaba su paso a través del río.

Se fue abriendo poco a poco a un abanico más amplio de emociones positivas: la felicidad, que antes era un concepto lejano, se convirtió en una amiga íntima. Descubrió que la alegría no es un presagio de tristeza y ahora se siente segura al experimentar ambas emociones, sabiendo que las emociones son un túnel, no una cueva.

Ahora te toca a ti.

CAPÍTULO 6

Alegría para cuando no crees en la alegría

La esperanza es esa cosa con alas.

–Emily Dickinson

Dos semanas después de firmar el contrato para escribir este libro, a uno de mis amigos más cercanos le diagnosticaron cáncer cerebral. Glioblastoma en estadio 4 o, como quien dice, *de los peores*. Le han dado entre doce y dieciocho meses. Como *máximo*. Y, por si esta historia no fuera ya lo bastante horrible, él sabe perfectamente lo que le espera: su hija Abi murió de cáncer a los veintiséis años. Egoístamente, sentí como si el universo se estuviera burlando de mí. «¿Quieres escribir sobre la alegría en medio de la oscuridad? –parece decirme, riéndose–. Toma oscuridad. Adelante».

¿Por qué interrumpo mi propio libro para contarte esto? Porque quiero decirte que tu relación con la alegría puede flaquear. De hecho, debes esperar que así sea. No existe una solución definitiva que te permita darle la bienvenida a la alegría a tu vida y no volver a dudar de ella nunca más. Porque, mientras escribía este libro, dejé de creer en ello y pensé que quizá no podría continuar. Pero entonces recordé que esta obra no trata solo de la alegría, sino de la alegría en la oscuridad. Y esta es la historia de cómo, mientras escribía este mismo libro, la perdí y luego la volví a encontrar. Bueno, ella me encontró a mí. Allí mismo, en la oscuridad.

Descubrieron que Chris tenía cáncer cerebral porque sufrió una convulsión. Justo en la fase de aura* que la precede, estábamos intercambiando mensajes. Yo le mandé una canción que acababa de descubrir y que me tenía fascinada; él me respondió con un poema de Mary Oliver y escribió: «Todo está conectado». Y entonces, todo cambió.

Durante las primeras semanas, Chris estuvo inmerso en una especie de euforia posdiagnóstico. Decía que de repente todo estaba claro y que por fin se sentía libre. Sin miedo. Se despertó de la operación cerebral sonriendo, en serio. Hizo amistad con todas las enfermeras y escribió sobre la belleza de la unidad de oncología. Terminó la primera ronda de quimioterapia y radioterapia, adoptó

---

* N. del T.: La fase de aura es la etapa previa a una convulsión (o migraña) en la que la persona experimenta síntomas sensoriales, emocionales o físicos inusuales –como destellos de luz, visión borrosa, confusión o una sensación de «presentimiento»– que advierten que un episodio está por comenzar.

un perro y entonces la cosa se puso muy seria. Llegó el día de la exploración, y el cáncer continuaba ahí. Chris seguía muriéndose y la unidad de oncología empezaba a resultarle un poco agobiante. Intentaba aceptar la situación; su familia y sus amigos querían que siguiera luchando. Le preocupaba si estaba muriendo bien. ¿Qué significa morir bien? «Más vale que lo averigües rápido», le dijo el universo, dando golpecitos a su reloj.

Con todo esto de fondo, es difícil no ver el mundo con pesimismo. Mientras escribo esto, seguimos lidiando con las secuelas de la pandemia de COVID-19; hay guerras y conflictos activos en distintos rincones del planeta; en muchos países la brecha entre ricos y pobres no deja de crecer, algo que la crisis económica pospandemia ha agravado, provocando más pobreza y malestar social; el aumento de las temperaturas globales, los fenómenos meteorológicos extremos, la pérdida de biodiversidad, la deforestación y la contaminación están causando daños irreversibles al planeta (en el norte de California lleva más de dos meses lloviendo), y en muchos lugares –especialmente en Estados Unidos– estamos asistiendo a un retroceso de las libertades civiles, con censura, represión de la disidencia y violaciones a los derechos humanos. Y eso es solo una parte de la lista. Ya no estamos en los noventa, Toto.*

* N. del T.: «Ya no estamos en los noventa, Toto» es una referencia irónica a *Toto, I've a feeling we're not in Kansas anymore* ('Toto, me parece que ya no estamos en Kansas'), una frase clásica de la obra *El mago de Oz*. Aquí se usa para señalar que el mundo actual es mucho más inquietante que el de épocas pasadas, en este caso los años noventa.

Chris me llama un martes por la tarde y, con urgencia, me dice: «Ya no puedo sentir alegría. O sea, sé que está ahí... ¿pero...? Mucho de lo que me hacía sentir alegría estaba ligado a cosas que quería hacer, y el tiempo se me está acabando. ¿Qué haces cuando ya no puedes sentir alegría?». ¿Qué haces cuando ya no puedes sentir alegría? Esa es, al mismo tiempo, la pregunta que llevo intentando formular y responder... y la que me deja completamente muda. No tengo ni idea.

Tengo más cosas que decirle a Chris de las que me da tiempo a contarle. Quiero hablarle de lo que decían los antiguos griegos sobre morir bien y de lo que decía Montaigne sobre aprender a morir. Quiero asegurarme de que sabe lo que es el entrelazamiento cuántico y que, cuando mueres, desaparecen misteriosamente algunos gramos.* Pero ¿alegría? ¿Tenemos tiempo para eso? ¿Tengo algo que decir? ¿Qué se dice sobre algo en lo que ni siquiera puedes creer?

Le confieso a Chris que yo tampoco puedo sentirla ahora. Chris y yo somos amigos, en gran parte, por las pérdidas compartidas. Yo perdí a mi padre y escribí sobre eso, y él perdió a su hija y también escribió sobre eso. Era como si hubiéramos publicado anuncios en el cielo: «Hija sin padre busca sustituto. Se valora poder quedarse dormida conversando» y «Padre sin hija busca reemplazo. Imprescindible tener sentido del humor irreverente».

---

* N. del T.: En referencia a los experimentos que a principios del siglo XX realizó el médico estadounidense Duncan MacDougall, partiendo de una arriesgada propuesta: comprobar si existía un «peso del alma humana» y, si así era, medirlo.

Mientras atravesábamos el duelo, compartimos nuestras partes más oscuras y profundas. Lo hacíamos con cuidado, con poesía. Cuando intentábamos describir ese tipo de dolor que te hunde y te deja buscando una salida, Chris se inventó a Virginia. Virginia (también conocida como esa depresión opresiva que te empuja a querer terminar con todo) es como esa tía rara que tienes y que aparece sin avisar y sin decir cuándo piensa irse. Se planta en la puerta con unas maletas mugrientas que huelen a humedad, y no hay manera de echarla. Le abres la puerta con un gruñido. En algún momento, al tercer o cuarto día, el rechazo se transforma en una especie de aceptación resignada. No querías que viniera, pero siempre trae esas chocolatinas Oh Henry! Y tiene historias familiares interesantes. Además, plancha. Y, qué quieres que te diga..., a veces hasta sienta bien tener familia cerca.

Como yo tampoco siento alegría en este momento, te cuento que hace poco descubrí que Virginia tiene hermanos. Los hermanos son dos figuras sombrías que entraron en mi casa en algún momento y ni siquiera me di cuenta. ¿Quizá porque eran oscuras y se fundían con las sombras? O quizá estaba demasiado cansada, ocupada o distraída para verlas bien. Esperan allí, en las sombras, hasta que me levanto de mi escritorio, y antes de que pueda cruzar la habitación o salir por la puerta, empujan, empujan. Ponen sus enormes manos sobre mis hombros y empujan hacia abajo hasta que me quedo en silencio, horizontal y paralizada. Luego se quedan allí y siguen empujando.

Nublan mi mente y detienen cualquier impulso o movimiento de levantarme. No hay rechazo, rebelión ni energía alguna. Tan solo me empujan y me quedo. Eso estaría bien, tal vez, pero hay algo que tengo que hacer. Un pódcast en el que acepté participar como invitada. Un vídeo para las redes sociales que he de editar y publicar. Una sesión, una reunión o una cita en la que se espera que sea un ser humano cien por cien presente, no una especie de fantasma. Así que los hermanos dejan de empujar y empiezan a tirar. Me llevan hacia la ducha, hacia mi ropa, hacia mí misma. Y a veces me sostienen porque toda su gravedad aún no ha desaparecido. Y luego me levanto de mi escritorio o entro en la sala de estar y ellos salen de las sombras, y todo vuelve a empezar. Y yo soy un ser atormentado que finge ser humano, y tú te estás muriendo, ¿y se supone que debo escribir sobre la *alegría*?

Cuando le hablo a Chris de los hermanos, no me pregunta si estoy teniendo un brote ni si debería ir pensando en buscar ayuda psiquiátrica. Simplemente se lanza conmigo, directo a lo más hondo de la oscuridad que me deja sin aliento: «No sé si he conocido a los hermanos, pero es posible, y quizá les pase lo mismo que a Virginia. ¿Te abruman y luego te levantan el ánimo? ¿O hay algo más? ¿Hasta qué punto son de fiar, aunque sean desagradables? ¿De qué color tienen los ojos? ¿Tienen el pelo como Shakey Graves*? ¿Como alguien más? ¿Qué idioma hablan? ¿Entiendes alguna palabra?».

* N. del T.: Shakey Graves es un músico estadounidense de estilo folk/alternativo, conocido por su aspecto bohemio y su melena desordenada.

Era como si Chris hubiera salido de su correo electrónico y entrado en mi salón con una linterna exclamando: «¡Vaya, qué oscuro está esto! Veamos qué tipo de oscuridad es. ¿Qué más hay aquí?». La curiosidad lo cambió todo, como siempre. Los hermanos tomaron forma; me fijé en su ropa negra, su pelo revuelto, sus amables ojos azules. Cuanto más sabía de ellos, menos aterradores y opresivos me parecían. A su manera, estaban allí para ayudar. Yo llevaba demasiado tiempo abrumada y ellos intentaban que descansara. Así que lo hice. Y luego se marcharon. Volverán, al igual que Virginia, porque llegar sin avisar es algo que viene de familia. Pero cuando vengan, sabré para qué están aquí y qué hacer.

Te cuento esta historia porque quiero recordarte dos cosas muy importantes sobre la esperanza y la alegría. La primera es que no *tienes* que creer en ellas. Y la segunda es que a veces se presentan vestidas con chándal en lugar de mallas brillantes, y si no lo sabes, podrías perdértelas.

CREER CUANDO NO CREES

La palabra *creer* tiene más profundidad y más carga sagrada de lo que parece. Es confiar en algo, aferrarse a algo, incluso amarlo, sin tener ninguna prueba concreta de que sea real. Creer es, en cierto modo, un acto irracional. Es entregarte a algo que, precisamente, no conoces. Es una forma de trascender. Un milagro, incluso. Porque nos recuerda hasta qué punto hay partes de la existencia que no se nos muestran del todo, que apenas se nos insinúan.

Si soy sincera, creo que la creencia se toma demasiado en serio a sí misma. ¿Conoces ese consejo que dan si te cruzas con un oso en el bosque? Te dicen que te pongas de pie, que extiendas los brazos y hagas todo lo posible por parecer enorme y amenazante, para que cuando el oso tenga que decidir entre el miedo y el hambre, el miedo gane. Pues bien, la creencia aprendió ese truco, logró engañar a un oso enorme y aterrador, y desde entonces se quedó así: erguida, con los brazos en alto y una amenaza que en realidad no lo es. Mis estudiantes suelen preguntarme si creo en esto o en aquello: en ciertas teorías o en sus contrarias, en tal filosofía, en tal teología. Yo siempre les contesto lo mismo: «No estoy del todo segura de en qué creo. En realidad, no creo que ese sea mi papel aquí». Entonces suelen soltar un suspiro y me lanzan esa mirada cansada que dice «ya estamos otra vez». Y sí, puede que no sea mi papel... pero también estoy esquivando la pregunta. Me alejo a rastras, como el oso asustado, lamiéndome las patas, todavía con hambre.

Esa dificultad para creer –sobre todo cuando más falta nos hace– se siente como un dolor sordo, una sed que no se apaga, un hambre que no se sacia. Nos deja arrastrándonos, agotados, dándole vueltas a nuestra mala suerte. Solo pensamos en lo que nos falta; solo queremos que algo venga a llenar ese vacío. Hay cosas en las que uno puede elegir si creer o no. Y hay otras que simplemente están ahí. Esa es la parte asombrosa de la alegría y la esperanza: *no necesitas creer en ellas* para que aparezcan. Basta con dejarles algo de espacio para poder reconocerlas cuando lleguen.

Lo sé, puedo repetirlo hasta que las ranas críen pelo, hasta que los cerdos vuelen y la piel se me vuelva azul. Pero tú, con toda esa sensación de carencia, vas a seguir resistiéndote... a menos que te lo muestre. Lo entiendo, a mí me pasaba lo mismo. Hace poco, de hecho. Así que te lo voy a mostrar volviendo a la misma fuente a la que acudí en el primer aniversario de la muerte de mi padre, y en casi todos los momentos oscuros y profundos que he vivido desde entonces: libros muy antiguos, escritos por personas que ya recorrieron este mismo camino.

LA MAGDALENA DE PROUST

Hay un pasaje muy famoso en el primer volumen de *En busca del tiempo perdido* (también conocido como *Por el camino de Swann*), de Marcel Proust, en el que dedica varias páginas a describir su experiencia al comer una pequeña magdalena. No hace falta saber absolutamente nada sobre Proust ni sobre la novela para que ese fragmento te conmueva. Todavía recuerdo con total claridad dónde estaba la primera vez que lo leí.

Es un día de invierno sin nada especial. Proust está de visita en casa de su madre, en Combray, su pueblo natal ficticio. Ella nota que tiene frío y le ofrece una taza de té, acompañada de una de esas pequeñas magdalenas francesas, esas galletas de mantequilla con forma de concha. Proust moja la magdalena en el té, se la lleva a la boca y, en un instante, todo cambia.

> Apenas el líquido tibio, junto con las migas, tocó mi paladar, un estremecimiento recorrió todo mi cuerpo, y me detuve, atento a los extraordinarios cambios que se estaban produciendo. Un placer exquisito invadió mis sentidos, pero era un placer aislado, individual, sin que pudiera identificar su origen. En ese mismo instante, las vicisitudes de la vida se volvieron indiferentes; sus desastres, inofensivos; su brevedad, una ilusión. Esa nueva sensación había tenido en mí el mismo efecto que el amor: llenarme de una esencia preciosa; o mejor dicho, esa esencia no estaba en mí, era yo mismo. Había dejado de sentirme mediocre, accidental, mortal. ¿De dónde podía venirme esa dicha todopoderosa? Sabía que estaba relacionada con el sabor del té y de la magdalena, pero sabía también que lo trascendía infinitamente, que no podía ser de la misma naturaleza. ¿De dónde venía? ¿Qué significaba? ¿Cómo podía aprehenderla y definirla?[1]

¡Qué barbaridad de magdalena!

Justo antes de este pasaje, el narrador está acostado en la cama, sin poder dormir, dándole vueltas al insomnio: le irrita lo esquivo que es el sueño y al mismo tiempo se maravilla, frustrado, de adónde se nos va la mente en ese estado. Si alguna vez has pasado aunque sea una sola noche en vela, sabes perfectamente cómo se siente uno al día siguiente: párpados y extremidades pesados, como envuelto en una neblina, desconectado. Me imagino a Proust sentado a la mesa, agotado y con la cabeza nublada, no alegre ni lleno de entusiasmo.

Y sin embargo, es justo en ese estado de confusión y desgana donde la dicha lo alcanza. No la estaba buscando. Solo intentaba entrar en calor. Pero la alegría llega igual, de golpe, tan intensa que lo deja inmóvil, casi como si lo sacudiera. No es una alegría menor: es inmensa. La llama *todopoderosa*, como si de Dios se tratara. Endereza lo torcido. Es una dicha capaz de volver *inofensivos los desastres*, de hacer que su vida, que hasta entonces le parecía accidental, mediocre y finita, empiece a sentirse importante, llena de sentido, casi inmortal.

Cuando consigue recuperar la compostura tras el impacto de esa sensación tan intensa, el narrador logra rastrear su origen: un recuerdo alegre, tierno y nítido de una visita a su tía favorita, cuando ella lo invitaba a tomar el té y unas magdalenas. Es revelador que pasemos tanto tiempo hablando y escribiendo sobre los recuerdos traumáticos que nos asaltan con esa misma intensidad, sin previo aviso, y sin embargo apenas les prestemos atención a los recuerdos felices que también regresan así. Ese momento en que la primavera se convierte en verano y el olor a pasto mojado te lanza de golpe al recuerdo de un campamento infantil. O cuando al pasar frente a un camión de helados, te invade el recuerdo preciso de tu dulce favorito. O cuando alguien sube a Internet la foto de un juguete que adorabas y habías dejado en el olvido. La alegría está justo ahí, al lado del sufrimiento, codo a codo con el dolor.

Aunque este sea el ejemplo más vívido de alegría en *Por el camino de Swann*, hay muchos otros momentos similares que aparecen de forma más sutil: en la belleza de la naturaleza, en el placer de la anticipación (como cuando espera el beso de buenas noches de su madre) o en la calma que brindan las rutinas familiares. Estos instantes de alegría no se limitan a experiencias positivas; con frecuencia conviven con reflexiones sobre la pérdida, el cambio y la naturaleza dolorosamente efímera del tiempo, o bien las preceden o las siguen de inmediato. Una parte de lo que Proust intenta mostrarnos es que la alegría y la tristeza están entrelazadas en la propia materia del recuerdo, no porque decidamos creer en ellas, sino porque así es como funciona la memoria.

La tristeza no necesita que creamos en ella para existir, y todos lo aceptaríamos sin dudar. Lo que nos cuesta más admitir es que lo mismo ocurre con la alegría.

No hace falta que creas en ella. La alegría simplemente aparece y se cuela en lo que sea que estés haciendo, en lo que esté pasando, y pone el mundo en orden.

Y por si aún sigues dudando, veamos un ejemplo más.

LOS RAYOS DE SOL DE VIRGINIA WOOLF

Al faro, de Virginia Woolf, habla más de la decepción que de la alegría (aunque la alegría aparece en la tercera frase). Es una narración errante, divagante, con grandes pasajes de flujo de conciencia y muy poca trama como tal. La historia sigue a la familia Ramsay durante una década de veranos en su casa de vacaciones en Escocia. En la primera parte de la novela, titulada «La ventana», conocemos a la familia en esa casa de verano. Es un tiempo de descanso, y sin embargo, desde el comienzo se percibe una tensión, una decepción: el tan esperado paseo al faro se cancela por el mal tiempo. La señora Ramsay piensa en cómo tendrá que darle la noticia a su hijo, que está ilusionadísimo, y eso la sumerge en la melancolía. Pero, casi con la misma rapidez con la que cae en ella, logra sacudírsela.

> Siempre, pensaba la señora Ramsay, una se arranca con desgana de la soledad aferrándose a cualquier detalle menor, algún sonido, alguna imagen. Escuchó, pero todo estaba muy quieto; el partido de críquet había terminado; los niños estaban en el baño; solo se oía el mar. Dejó de tejer y se quedó un instante con la larga media marrón rojiza suspendida entre los dedos. Volvió a ver la luz. Con una cierta ironía en su mirada, porque al despertar, por leve que sea, todo vínculo cambia, contempló aquella luz constante, implacable, inclemente, que era tanto ella como nada de ella, esa luz que la reclamaba a su antojo (se despertaba de noche y la veía atravesar la cama, acariciar

> el suelo); y sin embargo, mientras la observaba fascinada, hipnotizada, como si con dedos de plata acariciara alguna vasija sellada en su cerebro cuyo estallido pudiera inundarla de alegría, pensó que había conocido la felicidad, una felicidad exquisita, una felicidad intensa, y eso hacía que la luz plateara un poco más las olas agitadas, mientras caía la tarde y el azul desaparecía del mar, que se tornaba en un vaivén de limones puros que se curvaban, se hinchaban y rompían en la orilla, y ese éxtasis estallaba en sus ojos y oleadas de puro deleite se deslizaban por el suelo de su mente y sintió: *¡Es suficiente! ¡Es suficiente!*[2]

En solo cinco frases, Woolf logra una hazaña extraordinaria: anclar la historia, resolver la tensión y devolver la esperanza. Pasamos de la oscuridad, la decepción y la melancolía a una felicidad intensa, luz, incluso éxtasis. «¡Es suficiente! ¡Es suficiente!».

Este es el pasaje que inspiró la práctica de las pequeñas alegrías del capítulo uno y sentó las bases de este libro. En el verano de 2020, vivía en un alquiler temporal en lo alto de una colina con los dos compañeros de piso más ruidosos y caóticos que se puedan imaginar. El trabajo de investigación que había estado disfrutando durante el último año se quedó sin financiación y, de repente, me encontré sin un sueldo fijo y luchando por salir a flote. Mi matrimonio hacía aguas. Estaba a tres mil kilómetros de casi todas las personas que conocía y había perdido el hogar al que volver. La pandemia estaba en su punto álgido, todo era aterrador y no tenía adónde ir. Incluso las rutas de senderismo cerca de mi casa estaban cerradas temporalmente. Ah, y California, el estado al que acababa de mudarme, estaba literalmente *en llamas* y nos quedamos sin electricidad durante tres días seguidos. Adquirí la costumbre de dar vueltas por mi pequeño apartamento escuchando *jazz* clásico de los años treinta y cuarenta con unos cascos insonorizados.

En ese momento, lo único realmente bueno era aquella ventana increíble justo al lado de mi cama, que daba a la ladera de la colina. Una mañana, estaba sentada allí, tomando café, mirando el horizonte y los árboles, y me vino a la mente ese pasaje de Virginia Woolf. Igual que ese rayo de luz que rozaba las olas del suelo de la mente de la señora Ramsay y lo transformaba todo para ella, ese recuerdo lo transformó todo para mí. Fue como cuando una cámara enfoca de golpe y, de repente, todo en el visor se vuelve nítido. «Sí, estamos viviendo un momento oscuro. Sí, todo da miedo y parece terrible ahora mismo. Sí, me siento sola». Todas estas eran cosas grandes, inmensas, oscuras y aterradoras. Pero no podían arrebatarlo todo. Estaba esa ventana. Esa luz. Esa taza de café. Ese respiro profundo. Ninguna de estas pequeñas cosas anulaba ni borraba las grandes cosas terribles, pero darme cuenta de que seguían ahí, a pesar de todo, fue una rendija. Esa rendija era un milagro. Esa rendija era suficiente.

A diferencia de Proust, la señora Ramsay sí sale a buscar algo que la ancle, que la saque de la oscuridad. Pero no comete el error que solemos cometer nosotros al pensar que tiene que ser algo igual de grande y contundente como para neutralizar la oscuridad. Ella empieza por buscar algo pequeño, «cualquier detalle menor».

Las cosas pequeñas –el sabor de un bizcocho que te transporta a la infancia, la visión de un rayo de sol furtivo o el sonido de una dulce canción que resuena en medio del ruido– son las que cambian las reglas del juego.

Sé lo difícil que es sufrir tanto que dejas de creer en la bondad. Pero la buena noticia, y esto está demostrado en mi vida, en la tuya y en cada una de estas historias y en mil más, es que a la esperanza y la alegría les da igual si crees en ellas. Son tenaces. Tan tenaces, si no más, como el dolor o el miedo. Solo tienes que aguantar y aparecerán, buscándote. Incluso, y especialmente, en los momentos más oscuros.

¿Qué haces cuando no puedes sentir alegría? Simplemente esperas.

Eso es todo.

RECONOCER LA ALEGRÍA

Cuando definimos incorrectamente la alegría y la esperanza, cometemos dos errores fundamentales. El primero es que no las entendemos. No comprendemos su complejidad y su poder, su determinación y su irreverencia. Las subestimamos. El hecho de que se consideren emociones positivas no significa que sean unidimensionales.

Parafraseando un poco a Whitman: la alegría y la esperanza contienen multitudes.*

La alegría a veces aparece como un respiro. Son pequeños gestos de compasión que se cuelan en medio del duelo, la depresión o la ansiedad. ¿Sabes ese momento en el que llevas tanto rato llorando que tu cuerpo simplemente necesita otra cosa, lo que sea...? Pues eso. Después de un rato, bostezas, respiras profundamente o te entra hambre. Hablando de hambre, ¿alguna vez has notado lo bien que sienta la primera comida después de un par de días de enfermedad? ¿Lo maravilloso que es volver a sentir hambre y luego saciarla? ¿O cómo a veces pasas una noche estupenda durmiendo en medio de un momento terrible de dolor y te despiertas moviendo los dedos de los pies con gratitud antes incluso de estar completamente consciente?

A veces se manifiesta como satisfacción. Una tarde de domingo en la que puedes pasar una hora leyendo una novela en el sofá, un paseo matutino por tu barrio, el gratificante ritual de quedar con un amigo entre semana, terminar un proyecto de ganchillo, acariciar a un gato, el olor de ese jabón de pomelo que te encanta o la satisfacción de meterte en una cama con sábanas limpias y frescas. Este tipo de satisfacción puede parecer tan cotidiana, tan insignificante, que la damos por sentada y ni siquiera la percibimos.

---

* N. del T.: *¿Que me contradigo?/Sí, me contradigo. ¿Y qué? (Yo soy inmenso y contengo multitudes).* «Canto a mí mismo» (Walt Whitman traducido por León Felipe).

La alegría también se manifiesta en ocasiones como aceptación. Una conversación con tu terapeuta en la que finalmente ves que no eres el único responsable del fracaso de tu matrimonio, esa sensación liberadora cuando dejas de lado tu decepción por el mal tiempo primaveral y disfrutas de un día acogedor en casa o el momento en que dejas de desear que tus padres hubieran sido diferentes y empiezas a sentir curiosidad por saber cómo llegaron a ser como son.

Y otras veces la alegría se manifiesta de forma indirecta, cuando somos testigos de la alegría de otros. Durante un año y medio, pasé muchas horas en el aeropuerto de Denver cada dos semanas. Si nunca has estado allí, te diré para que te hagas una idea, que el aeropuerto de Denver es sin duda uno de los círculos del infierno de Dante. Sospecho que está en el noveno círculo, pero puede que mi opinión sea parcial. Un día, mientras estaba allí sentada, tan sumida en mis penas que parecía un personaje de Tim Burton, me fijé en una niña pequeña que había en la terminal. De unos cinco años, pelirroja, como yo, llevaba un vestido de tul amarillo y daba vueltas con los brazos extendidos, riéndose de su propio vértigo. Nadie la interrumpía ni intentaba que se detuviera o se callara, y su alegría era contagiosa. Empecé a sonreír y me di cuenta de que varias personas más en la terminal también se habían fijado en ella y sonreían. Al diablo con los vuelos retrasados y la infelicidad del aeropuerto; la alegría también estaba allí.

En realidad, hay una palabra para esto, y es tan encantadora como una niña que gira con un vestido de tul del color del sol: *freudenfreude*. Proviene del alemán y puede recordar a su gemelo malvado más conocido, *schadenfreude*. *Schadenfreude* es la alegría que sientes ante la desgracia de otra persona (como cuando te ríes histéricamente porque acabas de ver a alguien caerse por las escaleras). *Freudenfreude* es la alegría que sientes ante la alegría de otra persona.

A veces me pregunto cómo sería el mundo si grabáramos en nuestro interior estas pequeñas alegrías, estas minúsculas bendiciones. Lo que sí sé es que, cuando lo hacemos de forma individual, nuestra visión de la vida cambia. Con ese fin, aquí tienes un par de herramientas divertidas que te ayudarán a detectar la alegría incluso cuando se disfraza de un adicto a los videojuegos de treinta y cuatro años que vive en el sótano de su madre.

CREA TU MAPA DEL TESORO SENSORIAL

Quizá hayas notado en los ejemplos de la literatura anteriores que, en ambos, uno de los sentidos era la puerta de entrada a la experiencia de la alegría: las papilas gustativas de Proust, las retinas de la señora Ramsay. Nuestros sentidos son herramientas poderosas y aún más si sabemos lo que les gusta.

Toma una hoja de papel. Imagina que no es una hoja cualquiera, sino un mapa del tesoro donde vas a trazar las joyas escondidas de tu mundo sensorial. Si percibes el mundo de una manera única, ¡valóralo! Escribe solo aquellos tesoros que eres capaz de descubrir y disfrutar.

Paso 1) Imagina cada uno de tus sentidos como una isla que espera ser explorada. Dedica un espacio en tu folio a cada isla sensorial, dejando espacios en blanco (tres o cuatro líneas) entre ellas. Si una isla está más allá de tu horizonte, simplemente navega hacia la siguiente; concéntrate en los sentidos con los que estás más sintonizado.

Paso 2) Embárcate en una búsqueda del tesoro. Debajo de cada isla sensorial de tu mapa, anota las joyas que más aprecias (es decir, las cosas que más deleitan cada uno de tus sentidos). En la Isla del Aroma, tal vez encuentres remolinos de menta, cavernas de canela, almendros en flor y campos de lavanda. En el Mirador, puedes buscar costas resplandecientes y majestuosas montañas al atardecer. No te apresures: esta expedición puede descubrirte imágenes, sonidos y sensaciones que nunca antes te habías detenido a apreciar. Lleva tu mapa contigo y, cada vez que una nueva joya brille a través de la niebla, anótala. (Si alguien te pregunta qué estás escribiendo, no le hagas caso, esto es para ti).

Paso 3) Con tu mapa lleno de detalles, te encuentras en una encrucijada.

Isla del Aroma (olfato)

____
____
____
____

Mirador (vista)

____
____
____
____

Bahía de las Texturas (tacto)

____
____
____
____

Cala del Eco (oído)

____
____
____
____

Terraza del Paladar (gusto)

____
____
____
____

Opción 1) Coloca tu mapa en un lugar donde lo veas con frecuencia: tu centro de mando (ej., el escritorio), el espejo del baño o la puerta de la nevera. Cuando las aguas de la vida se agiten, échale un vistazo. Elige algunas gemas sensoriales que te ayuden a volver a aguas más tranquilas.

Opción 2) Prepara un pequeño cofre del tesoro portátil para llevar contigo. Guarda en él objetos que te recuerden lo que elegiste: fotos de paisajes que te dejan sin aliento, un frasquito con aceites esenciales, una lista de canciones que te conmuevan...

Mira, hagas o no este ejercicio, estas delicias sensoriales te van a encontrar de todas formas. Pero si sabemos que los sentidos son una puerta hacia la alegría, ¿por qué no aprovecharla? (Lo más placentero de la vida suele experimentarse a través de los sentidos: la comida, la música, el sexo, el arte...). Al crear tu mapa del tesoro sensorial, no solo estás reconociendo y valorando activamente esos momentos en lugar de esperar a que aparezcan, sino que también estás reconfigurando tu cerebro para buscar y apreciar la belleza en lo cotidiano. ¿Recuerdas la reconfiguración cerebral del capítulo uno? Pues así es como la llevamos a la práctica.

En esencia, este ejercicio no consiste únicamente en *identificar* lo que te produce alegría, sino en *incorporar* activamente esas pequeñas fuentes de gozo en tu vida diaria. Es una herramienta poderosa, especialmente para quienes tienen dificultades para sentir alegría en su día a día. Permite que actúe como un faro, que te guíe de vuelta a la presencia, a la conexión y al disfrute.

LA EXCURSIÓN *FREUDENFREUDE*

Esta herramienta es mi favorita cuando estoy muy muy deprimida. Está inspirada en mi madre, Suzanne, a quien le encantaba hacer muchas cosas, pero quizá ninguna tanto como observar a la gente. Mi madre se parecía a Grace Kelly y habría encajado mejor como princesa de Mónaco que como madre trabajadora de seis hijos en el oeste de Massachusetts. Tenía ese estilo impecable que se consigue al ser una observadora aguda. Le fascinaba la gente: lo que vestían, cómo caminaban y gesticulaban, con quién estaban... Cada persona que pasaba por delante le ofrecía todo un universo de preguntas. Cuando yo vivía en Nueva York y venía a visitarme, el ochenta por ciento del tiempo lo pasábamos sentadas en un banco del parque, en un restaurante o en una cafetería, observando a la gente.

Es una manera estupenda de conectar con el mundo cuando te sientes agotado o con poca energía, porque no tienes que relacionarte, solo observar. Quiero que busques la alegría en los rostros de otras personas, en sus gestos y en su forma de caminar.

Paso 1) Ve a un lugar donde haya gente. Da igual dónde. Puede ser un parque, una cafetería, un museo, un centro comercial, lo que tengas cerca.

Paso 2) Espera, observa y busca la alegría de los demás. Fíjate en cómo se manifiesta. ¿Está en su expresión facial? ¿En sus gestos animados mientras le cuentan una historia divertida a un amigo? ¿Se les agrandan los ojos? ¿Sonríen? ¿Está en su forma de caminar? ¿En su ropa colorida? ¿Te da la impresión de que sus perros sonríen?

Paso 3) A medida que observes más y más alegría, examina tu propio cuerpo y tu estado emocional. ¿Qué tipo de alegría tiende a ser más contagiosa para ti?

UN REGALO INESPERADO

Chris me llamó esta tarde. Yo estaba ocupada, pero sin pensarlo me levanté del escritorio y fui a sentarme en el alféizar de la ventana, porque sé que se acercan días en los que desearé con cada uno de los billones de billones de átomos que rebotan en mi cuerpo poder simplemente descolgar el teléfono y hablar con él.

A Chris y a mí se nos acaba el tiempo, y aún tenemos trabajo por hacer. Solo sabes cuál fue la última conversación cuando ya ha pasado. Así que descuelgo.

–¡Hola! –digo, sin esperar respuesta–. ¿Tú sabes lo de la magdalena de Proust?

TERCERA PARTE

LA VERGÜENZA POR LA ALEGRÍA

CAPÍTULO 7

Sentimiento de culpa por la alegría

Todos somos más que lo peor
que hayamos hecho.

–Bryan Stevenson

¿Te acuerdas de Frank? Hace más de tres años que salió de prisión y ha remontado el vuelo como una de sus palomas. Poco a poco ha conseguido construir algo parecido a una vida tranquila. Tiene un trabajo estable y un nuevo apartamento lejos de aquella habitación que daba a Skid Row, y ha logrado recomponer algunas de las relaciones que se resintieron durante sus años encerrado. Y, sin embargo, aunque aparentemente todo va bien, hay algo que le pesa en cada paso que da.

Una mañana, Frank me llama mientras va camino al trabajo. No teníamos ninguna sesión programada, y hacía dos años que no sabía nada de él, pero contesto al segundo timbrazo. Entre sus preguntas sobre cómo estoy, noto una energía agitada que atraviesa el teléfono.

—Frank, no me malinterpretes, me encanta saber de ti. Pero tengo la sensación de que no me has llamado solo para ponernos al día.

—MC, llevo un tiempo sintiéndome... raro, como si no mereciera nada de esto. El trabajo, el apartamento, ni siquiera el aire que respiro. —Las palabras le salen a borbotones, una mezcla de culpa y confusión—. No paro de pensar en los que siguen dentro, en las vidas que no puedo devolver. Y mírame, aquí estoy, vivo. Y no solo vivo, o sobrevivo, sino que estoy subiendo, avanzando. El otro día entré en un Whole Foods* a comprarme algo de comer, MC. ¡Un puto Whole Foods! Todo va cada vez mejor, y siento como si los estuviera traicionando, disfrutando de algo que ellos no pueden permitirse.

Aquí está, otro ladrón de la alegría: un sentimiento de culpa profundamente arraigado, erróneo, pero poderoso, que amenaza con socavar los cambios positivos que Frank ha logrado con tanto esfuerzo. En su caso, se trata de un sentimiento de culpa armado con una pregunta sin respuesta: ¿por qué tú estás aquí, prosperando, mientras

* N. del T.: *Whole Foods* es una cadena de supermercados estadounidense conocida por vender productos ecológicos, saludables y *gourmet,* a menudo a precios elevados.

los demás yacen en sus tumbas o se pudren en la cárcel? Esta culpa es más que una simple sombra, es un fantasma que tiene las manos alrededor del cuello de Frank y amenaza con ahogar toda la alegría de la nueva vida que está construyendo.

Conozco bien este tipo de culpa porque no solo ha atormentado a mis clientes, sino que también me ha atormentado a mí.

El clima el día del funeral de mi padre fue tan despiadado como su pérdida. Era un 28 de diciembre y el aire nos cortaba como cuchillas heladas mientras llevábamos su ataúd por el pasillo de la iglesia. Me temblaban las piernas al caminar junto a él por ese mismo pasillo por el que, desde niña, había soñado que me acompañaría el día de mi boda. Clavé la mirada en la alfombra color burdeos y conté los pasos para mantenerme firme, hasta que llegamos al primer banco, el nuestro, reservado en primera fila. No levanté la cabeza hasta que estuvimos sentados. Y cuando lo hice, me encontré cara a cara con un camello de plástico, de tamaño real y pintado a mano, a poco más de un metro de distancia.

Llevaba asistiendo a la parroquia de St. Mary desde antes de nacer, y el lugar estaba lleno de recuerdos sagrados. Las primeras comuniones y confirmaciones, y mi hermano y yo jugando en las escaleras de la iglesia mientras nuestros padres se paraban a charlar. Sin embargo, lo que más me gustaba era el belén que se montaba cada año en Navidad. Las figuras eran de cristal esmerilado y estaban delicadamente colocadas en un pequeño nicho a un lado del altar e iluminadas con luces de museo. Era pequeño, frágil y mágico, y me encantaba quedarme delante mientras los adultos hacían cola para comulgar.

Sin embargo, el año en que murió mi padre, la iglesia decidió hacer algo un poco más... festivo. En lugar del delicado belén de cristal, compraron uno de plástico a tamaño real y a todo color, que colocaron justo delante del altar. No nos enteramos hasta que nos sentamos delante de él en la segunda mañana más triste de nuestras vidas. Lo absurdo de estar sentados frente a un camello naranja con los labios pintados de rojo se hacía aún más absurdo por el hecho de que mi padre pensaba que los animales falsos de tamaño real, y especialmente los que hablaban, eran lo más gracioso del mundo.

Y así fue como acabé riéndome a carcajadas en el funeral de mi padre. Me reía con tantas ganas que por un momento temí que alguien viniera a echarme o a internarme. Después del mes espantoso que llevaba encima, aquella risa fue un alivio inmenso. Pero casi en el mismo instante en que apareció, un pensamiento demoledor atravesó ese respiro misericordioso y me susurró: «¡¿Cómo puedes estar riéndote en el funeral de tu padre?!». Y con eso, la alegría del momento se desvaneció y en su lugar quedó un dolor gris, helado, que me dejó sin aire. Se suponía que debíamos esperar al fondo de la iglesia a que saliera el cortejo, pero en vez de eso abrimos nuestros paraguas negros y fuimos directas a la limusina.

Mi madre parecía Grace Kelly huyendo de los fotógrafos. El tiempo se congeló. Y la alegría no se atrevió a volver durante mucho, mucho tiempo.

Así que este es el patrón doloroso, la pequeña historia que se repite: pasas por algo terrible, aguantas, atraviesas el dolor como puedes, las olas del duelo te arrasan una y otra vez, empiezas a sentirte apenas un poco mejor y, de repente, zas. Te cae encima un yunque de culpa que pesa una tonelada. ¿En serio? Si la esperanza y la alegría son tan poderosas, ¿por qué la culpa siempre consigue barrerlas de golpe?

CÓMO LA CULPA SE CONVIRTIÓ EN UNA LADRONA

Es necesario que hagamos una breve pero profunda reflexión para entender cómo la culpa interfiere en todo esto. Empecemos por tomar distancia y pensar en las emociones en general. A veces las concebimos como algo voluntario: un estado de ánimo que podemos elegir sentir o ignorar. «¡No seas tan exagerado!», podemos decirle a alguien que está teniendo una reacción emocional. O frases como «tranquilízate», «relájate» u «olvídate de eso».

En todas esas expresiones, aparentemente inofensivas pero desdeñosas, se esconde una idea equivocada y perjudicial: si una emoción resulta incómoda para ti o para los demás, solo tienes que suprimirla.

Pero cualquiera que haya escuchado alguna vez que se calme (es decir, todo el mundo) en medio de una emoción intensa sabe bien que eso no sirve. No funciona así. Las emociones no son simples estados mentales que podamos activar o desactivar a voluntad.

La realidad es que las emociones son experiencias biológicas que influyen en nuestra conducta, en la forma en que tomamos decisiones y en cómo nos relacionamos. Cada emoción –desde las más valoradas hasta las más incómodas– cumple una función. De hecho, desde la biología evolutiva se considera que las emociones son clave para nuestra supervivencia: nos ayudan a socializar, mantener vínculos y reproducirnos.

Por un momento, deja a un lado todo lo que crees sobre las emociones –que son una muestra de debilidad, que solo las sienten los blandos o las mujeres, que es mejor guardárselas, etc.– y piensa en ellas como mecanismos biológicos complejos, perfeccionados a lo largo de milenios para ayudarnos a enfrentar los retos de la supervivencia y la reproducción.

Cada emoción cumple una función: nos orienta hacia lo que nos beneficia y nos aleja de lo que puede hacernos daño. Son clave para impulsar conductas esenciales: movernos dentro de jerarquías sociales, encontrar pareja, evitar peligros y asegurarnos los recursos que necesitamos.

¿A que ya no parecen tan poca cosa?

Veamos algunos ejemplos del propósito que cumplen las emociones. El miedo es, probablemente, la emoción más fácil de entender desde esta perspectiva. Surge como respuesta ante una posible amenaza o situación peligrosa y prepara al cuerpo para afrontarla de forma eficaz mediante la lucha, la huida o la parálisis. En los casos de lucha o huida, el estado de activación elevada permite tener reflejos más rápidos, mayor fuerza y sentidos más agudos, todo lo cual resulta ventajoso al enfrentarse a depredadores u otras amenazas. En el caso de la parálisis, el cuerpo entra en un estado de quietud que puede ayudarnos a pasar inadvertidos y a sentir menos dolor. Para nuestros antepasados, reconocer el peligro con rapidez y reaccionar de inmediato era clave para sobrevivir, así que una respuesta intensa de miedo fue, con el tiempo, favorecida por la evolución.

Pensemos en el amor desde esta misma perspectiva. Si alguna vez has pasado más de, digamos, veinticinco minutos con un bebé, sabes perfectamente que, si no amáramos a nuestros hijos, sería difícil no perder la cabeza. Bueno, quizá no llegaríamos a comérnoslos, pero cuidarlos durante esos interminables años de llanto y berrinches sería muchísimo más duro de lo que ya es. El fuerte vínculo que se crea entre un padre o madre y su criatura asegura que se comprometa a cuidarla y protegerla, aunque eso implique un enorme sacrificio personal. De forma similar, los lazos que se establecen entre parejas (que, admitámoslo, también pueden ser bastante irritantes) favorecen tanto el éxito reproductivo como la estabilidad necesaria para cuidar durante años a unas crías humanas que dependen por completo de los adultos.

El miedo y el amor son bastante fáciles de situar aquí, pero ¿qué pasa con algo como los celos, que no parecen promover nada positivo ni basado en la supervivencia? El razonamiento es el siguiente: los celos surgen de la amenaza de perder relaciones o recursos valiosos a manos de rivales. Una emoción intensa, tan intensa que a menudo se describe como algo que nos devora, puede motivar comportamientos destinados a garantizar la fidelidad de la pareja, protegiendo así los intereses genéticos propios. En términos de recursos, los celos pueden motivar la defensa de bienes valiosos necesarios para la supervivencia y el éxito reproductivo. Aunque los resultados de los celos no siempre son productivos, la motivación subyacente es asegurar ventajas para uno mismo y para los propios familiares.

De acuerdo. ¿Pero qué pasa con la culpa?

La palabra *culpa** proviene del término en inglés antiguo *gylt*, que significaba 'crimen, pecado, defecto moral, incumplimiento del deber'. Vaya. En ese contexto, la culpa parecía estar relacionada con haber cometido una falta concreta, más que con esa sensación difusa que uno puede arrastrar respecto a su forma de vivir o comportarse en general (como le ocurre a Frank). Si seguimos retrocediendo, se cree que *gylt* deriva del antiguo nórdico *gjald*, que significaba 'deuda, pago; castigo, multa'. Esto apunta a una idea subyacente de deuda, algo que se debe y que es

* N. del T.: *Guilt* en inglés.

necesario saldar. En otras palabras, la culpa aparece cuando hacemos algo que podría ofender a otros y tiene como función impulsarnos a reparar el daño o compensarlo de algún modo.

En entornos ancestrales, los seres humanos vivíamos en grupos relativamente pequeños e interdependientes, en los que la cooperación era esencial para la supervivencia. Compartir recursos, prestarse ayuda mutua en caso de enfermedad o lesión y colaborar en la caza y la defensa contra los depredadores eran comportamientos fundamentales. La culpa servía como mecanismo interno para hacer cumplir las normas sociales que hacían posible la cooperación. Por ejemplo, si alguien no compartía los recursos, podría poner en peligro la supervivencia de todo el grupo. La culpa impulsaría al individuo a compartir más generosamente en el futuro, reforzando así la norma de compartir y contribuyendo al bienestar general del grupo. Del mismo modo, un individuo que no contribuyera a los esfuerzos del grupo, ya fuera por pereza o por acaparar recursos, probablemente experimentaría culpa. Esta emoción lo motivaría a actuar de forma más cooperativa en el futuro, asegurando su continua aceptación dentro del grupo.

Por lo tanto, queda claro que la culpa puede entenderse como una emoción que evolucionó a fin de promover comportamientos beneficiosos para la vida en grupo y la cooperación. Es mucho más probable que permanezcamos a salvo y con vida cuando estamos integrados en un grupo que cuando luchamos por nuestra vida de forma individual. Y la colaboración puede ser complicada, especialmente cuando hay mucho en juego. Podríamos sentir la tentación de mentir, engañar y robar para conseguir los recursos que necesitamos, pero a la larga no es una buena opción. En cuanto los demás se dan cuenta de que lo hacemos, nos marginan y, a consecuencia de esto, dejamos de estar seguros. Los sentimientos de culpa nos ayudan a permanecer en el grupo de dos maneras. En primer lugar, pueden ayudarnos a evitar hacer cosas que nos marginarían, ya que surgen cada vez que pensamos en actuar en contra de las normas sociales o las expectativas del grupo. Y en segundo lugar, en los casos en que ya hemos cometido la acción ofensiva, el sentimiento de culpa nos impulsa a rectificar la situación, reforzando así los lazos sociales y el comportamiento cooperativo.

En las complejas sociedades actuales, los principios básicos que subyacen al papel de la culpa siguen siendo en gran medida los mismos, aunque los detalles de su funcionamiento han evolucionado junto con la complejidad social. En los contextos modernos, la culpa mantiene su función de reforzar los lazos sociales, como los que existen entre amigos, familiares y parejas sentimentales. Cuando una persona descuida o daña estas relaciones, la culpa motiva acciones para reparar el daño, mediante disculpas, mayor atención u otros comportamientos reparadores. La culpa también funciona en entornos profesionales y comunitarios al fomentar tanto la responsabilidad como el asumir las consecuencias de los actos propios. Por ejemplo, si alguien elude sus obligaciones dentro de un equipo y defrauda a sus compañeros, la culpa resultante podría motivarlo a cumplir sus obligaciones con mayor diligencia en el futuro y, de esta manera, mantener la armonía y la productividad dentro del grupo.

A una escala más amplia, la culpa también puede influir en nuestro comportamiento respecto a la justicia social o al cuidado del medioambiente. Hay personas que sienten culpa por formar parte –o beneficiarse– de sistemas que generan daño, ya sea a otras personas o al planeta. Esa culpa puede convertirse en una motivación para actuar: reducir su impacto, defender ciertos cambios o colaborar con causas que buscan soluciones a esos problemas.

En ese sentido, la culpa funciona como un regulador interno que ha evolucionado para favorecer la convivencia y la cooperación. Y aquí viene lo esperanzador: esto significa que ni Frank, ni tú, ni yo estamos destinados a vivir para siempre perseguidos por la culpa que sentimos al experimentar alegría. Si la culpa tiene un propósito, lo único que necesitamos es cumplirlo para poder dejarla atrás.

DALE UNA PUTA TAREA A LA CULPA

A veces me pregunto qué tipo de conversaciones tendría con mis clientes, y qué tipo de conversaciones tendrían ellos entre sí, si nos conociéramos en circunstancias completamente diferentes. Si Frank y yo nos hubiéramos quedado atrapados juntos en un ascensor, ¿quién habría hablado primero? ¿Nos habríamos contado nuestras vidas, nos habríamos hecho amigos o quizá solo nos habríamos saludado con la cabeza en silencio, habríamos desviado la mirada y habríamos esperado? Lo más probable es que nos hubiéramos evaluado mutuamente y hubiéramos decidido que no podíamos tener nada en común antes incluso de que se cerraran las puertas del ascensor. Pero resulta que Frank y yo tenemos mucho en común. Y hay una cosa en particular que todos tenemos en común. Todos somos culpables de haber cometido una serie de transgresiones. Cuando digo todos, me refiero a todos y cada uno de nosotros. Pero no podemos dejar que esta culpa nos robe la alegría que tanto nos ha costado ganar.

Mi primer impulso al hablar con Frank fue decirle que esa culpa que sentía no tenía sentido, que no tenía nada que hacer ahí. Ya había cumplido su condena, estaba haciendo mucho bien en el mundo, y tenía todo el derecho a disfrutar de los frutos de su trabajo. Esa culpa era una trampa, y si seguía haciéndole caso, acabaría por destruirle la vida. Porque cuando no creemos que merecemos algo, tendemos a sabotearlo.

Pero, al contrario de lo que te dicen cuando te preparas para el SAT,* no siempre hay que confiar en el primer impulso, en la primera respuesta que se te ocurre. Los sentimientos de culpa de Frank no van a desaparecer

* N. del T.: El SAT (Scholastic Assessment Test) es un examen de admisión para la universidad en Estados Unidos.

solo porque yo le diga que no tiene razón para sentirse así. Decirle a alguien que no debería sentir una emoción es como cuando un niño pequeño se tapa los ojos y grita «¡encuéntrame!», convencido de que si él no puede verte, tú tampoco puedes verlo. La culpa, en ese caso, se limita a reírse para sus adentros y pensar: «Ay, qué ternura, todavía no entiende cómo funciona el mundo». Y sigue persiguiendo a Frank como si nada. Necesitamos otro enfoque. Uno que de verdad funcione.

> –Frank, imagínate que tu culpa fuera una especie de perro pastor...
>
> –¿Qué dices, MC? –Frank se ríe.
>
> –Los perros pastores necesitan trabajar, ¿no? Si no, te destrozan la casa. Si vas a tener uno, más vale que le des una tarea. Supón que tu culpa es válida. Está aquí y está en tu casa y ahora mismo la está destrozando. Démosle una tarea y veamos si deja de hacerlo.
>
> –Ohhhhhhh. Ahora entiendo lo que quieres decir. ¿Qué tipo de tarea?

Sabemos que la culpa cumple una función. En este caso, su objetivo es captar la atención de Frank para asegurarse de que actúe en consecuencia. Pero está claro que no se trata simplemente de un mensaje como: «Deja todo lo que te hace bien, porque no lo mereces». No se trata de rechazar la culpa ni de fingir que no existe, sino de entender qué quiere decirnos en realidad y cómo podemos transformar esa energía en algo constructivo. Al igual que los perros pastores necesitan redirigir su instinto para no perseguir coches o niños, la culpa también puede canalizarse hacia algo útil.

El primer paso es mirar de frente esa culpa y tratar de entender qué está intentando señalar. En el caso de Frank, parece que lo que la culpa quiere resaltar es una incongruencia entre la vida que lleva ahora y los valores que considera importantes. Siente que ha dejado atrás una vida dura y ha entrado en una que, a sus ojos, es demasiado fácil. Una vida en la que puede permitirse comprar en Whole Foods, un lugar donde jamás imaginó que encajaría. Entonces, ¿cuál sería el paso que tendría que seguir? ¿Cómo podemos transformar esa culpa en una oportunidad de crecimiento? Aquí tienes una pista: no se trata de dejar de comprar en Whole Foods.

Frank puede salvar la brecha entre su vida y sus valores pensando en formas de utilizar su posición actual para reparar el daño causado o contribuir a su comunidad. Recuerda que el origen de la palabra tiene que ver con saldar deudas. Sabemos que Frank ya ha cumplido su condena, pero esta nueva deuda parece haber surgido porque la vida fuera de la cárcel es más fácil de lo que esperaba. ¿Qué más tiene que pueda ofrecer al mundo? Podría dedicar su tiempo a causas que se ajusten a sus valores, ser voluntario en un refugio para personas sin hogar o en un banco de alimentos, ser mentor de niños en situación de riesgo, entrenar a un equipo de fútbol o trabajar con otras personas que están tratando de reintegrarse en la sociedad, tal y como él hizo. Cuando le asignamos una tarea a la culpa, deja de ser una fuerza destructiva y se convierte en una fuerza constructiva, ya que ayuda a Frank a armonizar sus acciones con sus ideales.

Y lo que es más importante, este enfoque suaviza la culpa porque Frank dejará de considerarla un enemigo y la verá más como un mecanismo esencial de su brújula moral. Este enfoque invita a un diálogo con nuestro yo interior, en el que la culpa se convierte en maestra en lugar de tirana. A través de esta lente, reconocemos que la presencia de la culpa no solo indica dónde nos hemos equivocado o qué debemos, sino también en qué aspectos aspiramos a mejorar y crecer.

Al aceptar la culpa de esta manera, no solo mitigamos su capacidad de causar confusión emocional, sino que también aprovechamos la oportunidad para el desarrollo personal y la contribución social. Esta reorientación de la culpa no descarta la emoción, sino que le da un papel constructivo, lo que nos permite encontrar un camino a seguir.

Puedes seguir este mismo camino si te sientes culpable después de una pérdida. En mi caso, la culpa no solo apareció el día del funeral de mi padre, sino cada vez que sentía algo mínimamente positivo durante los años siguientes a su muerte. Pero esa culpa también cumple una función. Algo de lo que casi nunca hablamos al referirnos al duelo (del que de por sí ya hablamos poco) es de cómo la alegría puede hacerte sentir que lo estás perdiendo todo de nuevo. Seguir adelante con tu vida podría parecer una traición y despertar una culpa muy intensa. Sin embargo, seguir adelante no significa dejar atrás a tu ser querido. Emerson dice que en esos momentos «coqueteamos con el sufrimiento»;[1] intentamos acercarlo a nosotros como si con eso pudiéramos recuperar lo perdido, devolver a la realidad a quien ya no está. Pero no funciona, dice él. Y yo añadiría que, además, no es necesario. Porque no puedes abandonar a alguien que llevas dentro. La persona que has perdido ya forma parte de ti, y nada puede cambiar eso. Ese es el único consuelo que deja la pérdida: quien se ha ido se queda grabado en ti. No puedes volver a perder a quien ya has perdido.

Otra cosa de la que no hablamos lo suficiente con respecto al duelo es que el hecho de que la persona haya fallecido no significa que vuestra relación haya terminado. Es una idea compleja, y siempre dudo un poco cuando lo menciono a mis clientes, porque, en las primeras etapas del duelo, lo único que hay es carencia: una ausencia enorme, ominosa y cruel. Recuerdo que, tres días después de la muerte de mi padre, alguien me dijo que aún podía hablar con él. Me dieron ganas de mandarlo a la mierda, porque, aunque la vida que se abría ante mí me parecía un abismo incierto y vertiginoso, había una cosa, una sola, de la que estaba cien por cien segura, y era que mi padre nunca volvería a entrar en la cocina y que jamás volveríamos a tener otra conversación. Sin embargo, ahora hablo con él todo el tiempo. Es más, sé exactamente lo que va a decirme.

Sin darme cuenta en su momento, yo también intenté convertir mi culpa en un perro pastor. Le asigné la enorme tarea de vivir de una manera que haría sentir orgulloso a mi padre. Y de seguir trayendo al mundo tantas de sus cualidades como me fuera posible: amabilidad, apertura, curiosidad, sentido del humor... Sé que nunca llegaré a dominar del todo esas virtudes, pero ese no es el objetivo. Lo que importa es seguir intentándolo. Es ese esfuerzo constante lo que silencia a la culpa, esa ladrona de alegría, y me permite disfrutar del recuerdo de mi padre con alegría.

REORIENTAR TU CULPA POR LA ALEGRÍA

Escucha, si aún no has sentido la culpa por la alegría, lo harás. Puede ser una barrera importante para disfrutar de la alegría. Y es sigilosa, por lo que puede surgir de diversos lugares. Puede esconderse en el marcado contraste entre el sufrimiento pasado y el éxito presente, como le sucedió a Frank, y puede ocultarse tras una risa inapropiada en la iglesia durante el funeral de tu padre. No obstante, la alegría y la esperanza pueden contratacar (y ganar) si comprendemos que la culpa, como todas las emociones, tiene un propósito evolutivo y un mensaje.

> Paso 1) El primer paso, y quizá el más difícil, es reconocer que existe la culpa y afrontarla sin juzgarla.

Reorientar la culpa por la alegría

La culpa que me atormenta

....

....

....

....

....

Ideas para redirigir esa culpa hacia algo positivo

....

....

....

....

....

....

El ritual de redirección al que me he comprometido

....

....

....

....

....

....

Empieza por dar por sentado que se trata de una respuesta natural y que ha surgido por alguna razón. Expresa por escrito tus sentimientos de culpa. ¿De dónde provienen y qué te dicen? ¿Provienen del dolor y te dicen que estás traicionando a alguien al seguir adelante con tu vida? ¿Provienen del éxito y te dicen que no te mereces lo que tienes? No importa lo desagradable que sea el mensaje, ponlo por escrito. Respira hondo. Escribirlo no significa estar de acuerdo con ello.

Paso 2) Ahora que entiendes lo que te está comunicando tu culpa, es el momento de redirigirla hacia algo positivo. Imagina que tu culpa es una deuda que tienes que pagar y escribe cómo puedes saldar esa deuda. Esto implica buscar acciones que estén en consonancia con el mensaje que la culpa intenta transmitir, pero de forma constructiva. Así, si la culpa proviene de prosperar después de pasar por dificultades, piensa en cómo puedes utilizar tu posición actual para ayudar a otras personas que se encuentran en la misma situación en la que tú estuviste. Si se trata de superar una pérdida, piensa en formas de honrar la memoria del ser querido sin renunciar a buscar la felicidad.

Paso 3) Ahora crea un ritual o un compromiso. Así es como evitarás que la culpa vuelva una y otra vez.

Puede ser voluntariado, mentoría, iniciar un proyecto que refleje tus valores o establecer un ritual que honre a un ser querido perdido sin dejar de afirmar la vida. La clave es transformar la energía de la culpa en acciones que te parezcan significativas y acordes con tus valores.

Paso 4) Permítete, poco a poco, dejar espacio a la alegría que puede surgir al redirigir la culpa. Vuelve al ejercicio de las pequeñas alegrías del capítulo uno (página 50) y hazlo centrándote en esto. ¿Qué pequeñas alegrías encuentras en tu ritual? Es un doble acierto: transformar la culpa en una forma de alegría es justo el tipo de giro inesperado que la alegría sabe aprovechar bien.

Cuanto más lo hagas, más empezarás a ver la culpa por la alegría no como un obstáculo, sino como una oportunidad para una comprensión más profunda y una nueva clase de alegría. Se trata de honrar tu pasado y darte permiso para seguir adelante. Este proceso no consiste en erradicar la culpa, sino en integrarla en una narrativa más amplia de sanación, crecimiento y renovación.

Quizá te preguntes qué pasó con mi propia culpa por la alegría. La culpa ahuyentó la alegría la mañana del funeral de mi padre, y la alegría se mantuvo alejada durante mucho tiempo. Si mi padre aún hubiera estado vivo, se habría reído conmigo en su propio funeral. Sin pudor.

Habría dejado que nos echaran de la iglesia y habríamos ido todo el camino hasta el aparcamiento riéndonos a carcajadas. No recuerdo exactamente la risa de mi padre, pero sí me acuerdo de que era incontenible.

Cada año, en Navidad, que es el aniversario de su muerte, le escribo una carta a mi padre. La palabra *carta* es, quizá, inadecuada, porque estas cartas, más que mensajes, son conversaciones. En ellas le cuento cómo estoy, qué hay de nuevo, cómo ha sido el año. Le hago preguntas, le digo todas las cosas de las que me gustaría hablar con él y le doy las gracias por las lecciones que me enseñó.

Cuando le digo que estoy trabajando demasiado y que eso empieza a consumirme:

> –¡Venga, Mac! Estás haciendo un trabajo precioso. Relájate un poquito y cómete unas chuches.

Cuando le cuento el drama increíble que viví este último año en la universidad:

> –Siempre he pensado que esos tipos son unos abusones. Todo el sistema está montado para aplastar a la gente. Tú estás muy por encima de eso. ¡Qué vergüenza! Me siento muy decepcionado con ellos.

Cuando le digo que estoy escribiendo un libro sobre la alegría:

—¡Qué ilusión! Este fin de semana busqué en Google «términos sobre la alegría» y me salió esta lista. Podemos comentarla en el coche de vuelta desde New Haven.

Cuando le cuento que voy a dar una charla en una conferencia bastante importante:

—¡Jo! ¡Estoy deseando que me lo cuentes cuando vuelvas a casa!

Cuando me admitieron en el posgrado, apenas un año antes de que muriera, me escribió este correo:

> Hola, Mac:
>
> No te imaginas lo feliz que estoy por ti. ¡Qué notición! Disfruta del momento, saborea lo que viene, siente la energía de todo lo que está por descubrirse y crearse, de todo eso que te encanta hacer. Estás en camino. Que tengas una gran noche de celebración. Estoy muy orgulloso de ti: te has atrevido, has apuntado alto, has aceptado las decisiones con elegancia... y pase lo que pase, sigue adelante.
>
> Con amor,
>
> Papá

Y para mi cumpleaños número veinticuatro, solo unos meses antes de morir, me escribió esto a las 4:54 de la mañana:

> Hola, Mac:
>
> CUMPLEAÑOS FELIZ – CUMPLEAÑOS FELIZ – CUMPLEAÑOOOS FEEEELIIIIIZ – ¿Puedes oírme cantando? Más te vale no oírme. Al menos podrás leer esto en tu propio apartamento. Espero que tengas un día perfecto –diles a todos que hoy no te molesten–; mañana tal vez, pero hoy no.
>
> Con amor,
>
> Papá

Tal vez podamos añadir el consejo de papá al ejercicio de alegría y culpa. La próxima vez que aparezca la culpa sin que nadie la haya invitado, puedes decirle que Bob ha dicho que hoy no te moleste; mañana tal vez, pero hoy no.

CAPÍTULO 8

Vergüenza por la alegría

> Cuando a un niño se le inculca
> la vergüenza, no puede desarrollar
> las conexiones neuronales
> que sostienen la autoestima.
>
> **–Hannah Gadsby**

Probablemente hayas oído que la diferencia entre culpa y vergüenza es que la culpa te lleva a pensar: «Hice algo malo» o «Cometí un error», mientras que la vergüenza te conduce a una conclusión mucho más dura y definitiva: «Soy malo» o «No valgo nada». Es una buena definición conceptual, pero no es lo bastante visceral. Y la vergüenza es *visceral*. La vergüenza no es solo el hermano mayor, más aterrador y amenazante, de la culpa. La vergüenza es culpa que ha hecho metástasis. Es el equivalente psicológico de un cáncer localizado que ya ha llegado al hígado y ahora se transporta por la sangre hacia todos los órganos y sistemas del cuerpo. La culpa se puede tratar.

La vergüenza es terminal. A menos, claro, que intervengamos. Y rápido.

Aunque jamás lo pensarías al verla, Sarah arrastra una vergüenza profunda. Eso no se refleja en su vida, desde luego. Es una mujer espectacular, con un estilo impecable, una carrera brillante en el mundo de las finanzas, un marido artista guapísimo y tres hijos que parecen sacados de un catálogo de Gap. Es superinteligente y perspicaz, y tiene una sensibilidad emocional tan afinada que *casi* ni me doy cuenta cuando cambia el foco de la conversación y deja de hablar de ella para centrarse en mí. Si no me ando con cuidado, podríamos pasarnos toda la sesión *sin* hablar de lo que realmente la ha traído aquí: que, aunque desde fuera parece llevar una vida de esas que vemos en Instagram, por dentro todo se desmorona. Su «cáncer de la vergüenza» se manifiesta en dos síntomas especialmente destructivos: la rabia y el secreto.

Primero, el secreto. Sarah está casada con el amor de su vida, Ethan. Que no solo es guapísimo, sino que, por si fuera poco, además es un artista de éxito. Llevan juntos quince años y, a pesar del tiempo y de tener tres hijos, siguen sintiendo la misma chispa. Ella se ilumina cuando habla de él, como una adolescente enamorada por primera vez, e imagino que él hace lo mismo.

Y, sin embargo, de forma aparentemente inexplicable, Sarah ha iniciado una relación apasionada y desastrosa con un compañero de trabajo, un analista de inversiones llamado Brad, al que consideraba un completo idiota cuando lo conoció. *Todavía* sigue pensando que es un idiota, pero no puede dejar de acostarse con él. Sarah, la Sarah sensible y comprometida, no es capaz de mirarme a los ojos cuando habla de ello.

«Cuando conocí a Brad, me produjo un rechazo total. Me repugnó por completo. Lo odié. Es tan arrogante, tan turbio, tan... No sé. La primera vez que tuvimos sexo fue en medio de una pelea tremenda por un informe de previsión de ingresos. Fue como una escena de película. Toda esa furia se transformó en deseo sexual, de algún modo, aunque siempre pensé que ese tópico era una tontería. Dios, ¡qué rabia! Lo *odio*. No lo entiendo». Me lanza una mirada fugaz y enseguida aparta la vista. Lo que más me llama la atención de su relato es que no hay ni una pizca de compasión hacia sí misma. Todo es un odio corrosivo, como ácido puro, dirigido hacia dentro.

Y no me malinterpretes: lo que está haciendo Sarah no está bien. Ella lo sabe, yo lo sé y ella sabe que yo lo sé. Las dos somos plenamente conscientes del peso ético y de la urgencia de la situación. Este único secreto terrible tiene el potencial de desmoronar toda la vida de Sarah: su trabajo, su matrimonio, su relación con sus hijos... Y ni siquiera le *gusta* el tipo.

Y luego está la rabia. De alguna manera, al mismo tiempo que todo esto sucedía, ella conectó con una rabia latente que había estado bullendo en su interior durante años, quizá décadas, sin que se diera cuenta. Está enfadada con su familia por la difícil infancia que tuvo, con su marido por su infancia idílica, con sus amigos por no entenderla y con sus hijos por necesitarla a todas horas. Esta rabia *no* es propia de ella y hace que se sienta aún peor consigo misma. Para complicar aún más las cosas, la culpa por la aventura en la que está envuelta y de la que parece incapaz de salir se ha instalado en su interior y repercute en cada segundo que pasa con su familia. Es tremendamente consciente de cada error que comete como madre, por pequeño que sea, y le consume el miedo a estar perjudicando a sus hijos. Este miedo ha derivado en una ansiedad creciente que se manifiesta como irritabilidad e impaciencia con ellos.

> –Anoche le cerré la puerta en la cara a Liam. Solo tiene tres años. Lloraba porque ya era hora de dormir, y yo necesitaba desesperadamente darme una ducha para poder pensar un poco, ¿sabes? Y él estaba tan encima de mí y era tan absorbente, que perdí los nervios. Dios..., soy una madre horrible.
>
> Se cubre la cara con las manos, abrumada por otra oleada de culpa y odio hacia sí misma.
>
> –Sarah, no eres una madre horrible. Estás completamente desbordada. Escúchame: sé que estás haciendo cosas que no quieres hacer, y también sé que sabes que no están bien. Pero lo importante ahora no es castigarte, sino entender qué está pasando. Para poder cambiar esto, primero tenemos que saber de dónde viene. Estas reacciones no dicen nada de quién eres tú

en realidad. Sé que no encajan con lo que de verdad te importa. Pero no son más que señales de que algo dentro de ti está pidiendo atención. Vamos a tratar de entender qué es. Juntas.

LA VERGÜENZA: UNA BANDA DE LADRONES

Mientras trabajo con Sarah, se me ocurre que quizá la vergüenza no sea en realidad una ladrona en sí misma, sino algo que solo puede surgir cuando todos los demás ladrones unen sus fuerzas. Como en el último nivel de *Super Mario*, en el que tienes que luchar contra los tres jefes principales a la vez, y es tan imposible que no puedes creer que *nadie* haya conseguido ganar el juego sin hacer trampas.

Sarah creció en un *camping* de caravanas. Su madre era adicta y la abandonó siendo solo un bebé. Nadie sabía dónde había acabado su madre, y Sarah tenía la impresión de que no querían ir a buscarla por temor a lo que pudieran encontrar. Su padre era una figura trágica, un alcohólico funcional, triste y afligido, que quería muchísimo a Sarah y trataba *con todas sus fuerzas* de darle una vida mejor. Lo intentó, pero no lo consiguió. No pudo dejar de beber. Nunca los sacó de ese *camping*. Y sería imposible explicárselo a él, porque no había ni una pizca de malicia en ello, pero dependía mucho, demasiado, de Sarah. Ella era como su mujercita cuando tenía diez años: limpiaba, cocinaba y le consolaba emocionalmente. Y él utilizaba la inteligencia, la capacidad y la belleza de su hija como prueba de su propio valor. La exhibía como si fuera una reina de belleza y le decía a todo el mundo lo inteligente que era. «¿Has visto a mi pequeña Sarah? –le preguntaba a cualquiera con quien se cruzaba–. Acaba de aprender a hacer lasaña. Solo tiene once años. ¿Te lo puedes creer? ¡Y se le dan muy bien las matemáticas! ¡Matemáticas, nada menos! ¿Qué voy a hacer si mi pajarito sale volando del nido?». Sarah odiaba ser el centro de atención, pero no sabía por qué. Su padre tampoco lo sabía. Él la estaba elogiando, o eso creía. Pero Sarah sabía que ninguno de sus compañeros de clase vivía como ellos. Que la exhibían como si fuera un trofeo. Y que las niñas pequeñas no deben cuidar de sus padres.

Cuando tenía unos trece años, ya se había dado cuenta de que si no conseguía salir pronto de allí, acabaría atrapada en esa caravana haciendo de esposa de su padre durante el resto de su vida. O peor aún, acabaría como su madre, con una historia tan horrible que a nadie le importaría saber cómo terminó. Así que agachó la cabeza, se esforzó todo lo que pudo y consiguió una beca para una escuela elegante y grande en Chicago, lo más lejos posible de aquella caravana. Se sumergió en una brillante carrera en el mundo de las finanzas y siguió adelante, hasta que, inexplicablemente, acabó destrozando su bonita vida. ¿Por qué?

> –Nuestra empresa acaba de celebrar la cumbre anual de liderazgo –me cuenta Sarah durante una

sesión–. Me dieron un puto premio. Estoy ahí, en el escenario, con ese trofeo ridículo en las manos –parecía un Grammy, por el amor de Dios–, intentando dar un discurso absurdo, y Brad sentado en primera fila, guiñándome el ojo como un cerdo. Es asqueroso. Te juro que estuve a punto de soltarlo todo ahí mismo. Solo quería acabar de una vez con la farsa y decir: «No me merezco este premio. No me merezco nada de esto. Soy una puta asquerosa que vive en una caravana. Os he engañado a todos y estoy agotada. Así que tomad vuestro premio de mierda, yo me voy.

Esa pequeña fantasía, cargada de repulsión, me parece muy reveladora, así que le pregunto a Sarah si podemos profundizar en ella, aunque sé que su intención era soltarla como quien no quiere la cosa, solo otra manera de llegar a la misma pregunta de siempre: «¿Qué coño me pasa y por qué estoy a punto de destrozar esta vida aparentemente perfecta?».

Así que nos metemos de lleno. Aunque Sarah suele hablarse con dureza, los insultos que usa esta vez son especialmente agresivos, así que le pregunto de dónde vienen y qué significan para ella (más allá de lo evidente).

–Ah, creo que nunca te lo conté, pero lo pasé fatal en el instituto con el acoso. Me hacían la vida imposible, y siempre me insultaban así. Llamaba mucho la atención de los chicos, y aunque casi nunca les seguía el juego, las chicas me odiaban muchísimo. La cosa se puso tan fea que llegó a haber violencia, y al final tuvo que intervenir la directora. Mi padre se echó a llorar en su despacho. Fue tan vergonzoso... Y como era de esperar, no sirvió de nada. En casa yo era el pajarito de papá, y en el colegio era una zorra asquerosa que vivía en una caravana. No podía escapar de eso; fue horrible.

–No, nunca me lo habías contado. Espera..., esto empieza a tener sentido...

Le explico a Sarah lo que de pronto comienzo a ver en su historia: ha estado atrapada entre dos identidades totalmente opuestas, y lo peor es que ninguna la eligió ella. No son suyas. Y sí, logró salir adelante, construirse una vida a su medida. Pero ahora esa vida entra en conflicto con esas viejas versiones impuestas de sí misma, y su cuerpo, su mente, su parte más profunda, está intentando resolver esa tensión. Por eso está saboteándose. Es como si intentara arrancarse la tirita de una herida que no tiene.

Ojalá no menospreciáramos las experiencias que vivimos en el instituto. Es una etapa crucial del desarrollo, y muchos de los cimientos se sientan gracias a los acontecimientos y las relaciones que tenemos durante ese periodo. Si a Sarah nunca la hubieran llamado puta y un desconocido en la calle la llamara así al pasar, ella lo ignoraría y seguiría con su día. Quizá hasta se reiría. Pero cuando los niños (y, desde el punto de vista del desarrollo, somos niños hasta los dieciocho años) escuchan repetidamente las mismas etiquetas negativas o insultos, eso moldea la percepción que tienen de sí mismos. Palabras como *puta* conllevan juicios morales y sociales *muy duros* sobre el valor de una persona, especialmente en relación con su sexualidad. Si este mensaje se repite una y otra vez, los niños acaban creyendo que los juicios de los demás dicen algo *verdadero* y esencial sobre quiénes son. Incluso si no están de acuerdo, la semilla ya está plantada: la idea de que su valor depende de su sexualidad o de cómo otros interpretan su comportamiento sexual.

También ocurre que palabras como *puta* van cargadas de desprecio y asco. Y eso también se interioriza, como claramente le ha pasado a Sarah. Esa carga emocional hace que el insulto no parezca solo una etiqueta, sino una verdad esencial. *Esto tan asqueroso es lo que eres.* Esa creencia se arraiga en lo más hondo, como parte de su paisaje emocional, tejida con vergüenza, miedo y la sensación de no valer nada.

Cuando los mensajes negativos sobre la identidad de una persona no se cuestionan ni se contrarrestan con relatos alternativos y positivos, se arraigan más profundamente. Si nadie interviene para ofrecer una perspectiva diferente o ayudar a la persona a procesar el daño emocional, la creencia negativa se convierte en su narrativa interna. En este caso, nadie le aseguró a Sarah que su valor no estaba ligado a su comportamiento sexual o a su apariencia; de hecho, su padre lo reforzó accidentalmente. «No puede ser una puta –gritó en la oficina del director–. ¡Es mi pajarito!». Traducción: no es *ese* tipo de objeto que existe únicamente para el placer de otras personas, es *este* tipo de objeto que existe únicamente para otro tipo de placer.

Sarah pensó que había escapado. Y, en muchos sentidos, lo hizo. Escapó del *camping* de caravanas, de su padre y de la historia inconclusa de su madre. Sin embargo, no logró escapar de su propia vergüenza.

En el caso de Sarah, dado que fue acosada con términos sexualmente despectivos, esto la llevó a interiorizar la creencia de que es inherentemente «puta» o «mala». Su aventura con Brad, que también le repugna, es casi una forma de cumplir esa profecía, aunque su comportamiento esté impulsado por la vergüenza y el dolor emocional más que por el deseo. Esto crea un ciclo de autosabotaje, en el que la creencia internalizada la obliga a actuar de una manera que refuerza la vergüenza de la que intenta escapar. ¿Y la rabia? La rabia de Sarah no es casual, es una extensión de la vergüenza que la ha perseguido desde la infancia y, como buena ladrona de la alegría, le impide disfrutar de la vida que se ha construido.

Esta rabia funciona como una armadura, permitiéndole mantener a raya su vergüenza y su vulnerabilidad más profundas, asegurándose de que no pueda disfrutar plenamente de la vida que se ha creado. En cierto modo, Sarah sigue sintiendo que no se merece el éxito, la estabilidad y la familia que tiene ahora. La rabia, entonces, se convierte en una forma de rechazar todo eso antes de que eso la rechace a ella, una defensa emocional heredada de años de sentirse inferior e indigna. Puede que no te des cuenta conscientemente, pero al mantenerte alejada de lo bueno que has conseguido, estás reforzando el discurso de que sigues siendo esa chica que vivía en un *camping* de caravanas y que no es «lo suficientemente buena» para la vida que tiene ahora.

La aventura con Brad también alimenta esta ira que se autojustifica. Es más fácil sentirse justificada por ser infiel cuando la ira hacia tu familia hierve bajo la superficie, proporcionándote la excusa perfecta para tus actos. El resentimiento que siente hacia su marido, sus hijos e incluso su vida idílica alimenta directamente su narrativa de vergüenza. Esa rabia no es solo por el aquí y ahora, sino que tiene sus raíces en su pasado y está dirigida a las personas que la hicieron ser quien es: a su madre, por abandonarla, y a su padre, por ser tan indefenso y necesitado, por apoyarse en ella como si fuera su igual o, peor aún, la sustituta de su esposa. Esa ira la mantuvo en modo de supervivencia, impulsándola a «salir» y dejar atrás esa vida. Pero también la ha mantenido cautiva, creando un ciclo en el que la rabia justifica sus acciones y permite que su vergüenza crezca sin control.

Como no integró esas historias que había interiorizado sobre sí misma, las recreó de otra forma. En casa, era la esposa perfecta que todos esperaban que fuera, pero en su interior se rebelaba contra las expectativas que le habían impuesto desde que era niña. Expectativas que sin duda podía cumplir, pero nadie le había preguntado nunca si quería hacerlo. Y en el trabajo, con Brad, era la mujer fácil que todos esperaban que fuera, manteniendo una tórrida aventura con la última persona que se te ocurriría.

—Tus actos no solo tienen sentido, Sarah; en realidad estás repitiendo, casi al pie de la letra, una historia antigua que nunca pudiste cerrar.

—¡Guau! Ahora lo veo clarísimo.

—¡Es obra de los ladrones de alegría! Se aliaron y unieron sus voces hasta formar una sola, que no para de susurrarte al oído: «¡No te mereces esto!». ¿Y qué haces cuando te encuentras en una situación que sientes que no te corresponde? Buscas el botón rojo y lo aprietas. ¡Buuuum! Autodestrucción. Sabotaje. Visto así, tu aventura no es simplemente una infidelidad sin más. Es una forma en la que se manifiestan los ladrones de alegría. Han hecho metástasis, se han convertido en algo más grande, más oscuro. Se han transformado en vergüenza.

Aunque no creció en una banda como Frank, Sarah estaba igual de alerta: siempre en guardia, preparada para cualquier cosa. Como Christina, aprendió a anticipar lo peor, viviendo en tensión constante, esperando el siguiente golpe, llegara o no. Y cuando llegaba, aprendió a esconder sus emociones, porque mostrar lo que sentía solo empeoraba las cosas. Al igual que Richie, acabó entumecida por dentro, porque no había espacio para sus propios sentimientos mientras tenía que hacerse cargo de los de su padre.

Sarah también sabe que si se descubre su aventura, perderá todo lo que ama. No es eso lo que quiere, pero está convencida de que ocurrirá. De hecho, está procurando que ocurra. Esta relación en concreto encaja con su visión del mundo, una en la que no merece lo que tiene. Es como si intentara demostrarse a sí misma que no merece el amor ni el éxito que ha conseguido, repitiendo los mensajes que interiorizó en su infancia. La aventura, por más que le repugne, alimenta a los ladrones de alegría y actúa como una retorcida forma de validar la vergüenza que ha arrastrado toda su vida.

A medida que vamos desentrañando todo esto, Sarah se siente aliviada al descubrir que su comportamiento no es un misterio sin sentido, que hay motivos reales detrás de lo que hace. Motivos que, una vez comprendidos, encajan. También siente algo de esperanza al pensar que, si consigue silenciar a los ladrones, quizá pueda volver a dejar espacio para la esperanza y la alegría. La única duda que queda es: ¿cómo se hace eso?, ¿cómo empezamos?

Antes de pasar a la acción, hay algo que necesitamos comprender. Si dejamos de lado el juicio sobre lo que está haciendo Sarah, podemos ver que su comportamiento –guiado por los ladrones de alegría transformados en vergüenza estructural– es, en el fondo, un intento de adaptación. Esas estrategias que en su momento le sirvieron se han vuelto contraproducentes con el tiempo, sí, pero el hecho de que haya sabido adaptarse demuestra algo fundamental: que es una persona con capacidad de *adaptación*. Todos lo somos. Ahí mismo, en medio de la desesperación, hay una semilla de esperanza.

El cerebro que aprendió a desconectarse de las emociones, a esconder la alegría y a hacernos vivir con vergüenza también tiene la capacidad de *cambiar*. Y una vez que reconocemos que una adaptación es contraproducente y ya no nos sirve, lo que toca es adaptarnos de nuevo. Eso está a nuestro alcance. *Podemos* reprogramar nuestro cerebro, perdonarnos por lo que hicimos desde la desesperación y aprender de nuevo a dejar entrar la alegría.

Reprogramar el cerebro significa crear nuevas conexiones neuronales que favorezcan la seguridad, la conexión y la alegría. Para lograrlo, es fundamental rodearse de entornos donde las experiencias positivas sean constantes y no estén marcadas por el miedo o la vergüenza. Esto no depende solo del esfuerzo individual: también requiere relaciones y comunidades que ofrezcan apoyo, aceptación y un espacio seguro. Al cultivar estos entornos y practicar la alegría de forma consciente, podemos ayudar al cerebro a reconectarse con su capacidad de sentir bienestar y felicidad.

RECONFIGURAR EL CEREBRO

Imagina que tu cerebro es un ordenador supersofisticado, pero en lugar de circuitos y cables, está formado por millones de conexiones diminutas llamadas neuronas. Estas neuronas se comunican entre sí a través de señales eléctricas y sustancias químicas, algo así como enviar mensajes en las redes sociales. Cuando aprendes algo o practicas algo repetidamente, estas conexiones se vuelven más fuertes y eficientes. Esto se llama neuroplasticidad, que no es más que una palabra complicada para referirse a la capacidad del cerebro para reconfigurarse a sí mismo.

Para Sarah, la vergüenza se convirtió en una vía neuronal profundamente arraigada, reforzada por el trauma de su infancia, el acoso que sufrió en el instituto y su necesidad de escapar de su hogar. Su cerebro, programado para sobrevivir, utilizó la vergüenza como mecanismo de protección. Le decía: «Si yo destrozo mi vida, nadie más podrá hacerlo», y eso creó un círculo vicioso de autosabotaje. Lo bueno es que el cerebro de Sarah, y cualquier otro cerebro, puede cambiar. Del mismo modo que aprendió a asociar su autovaloración con la vergüenza, puede aprender nuevas asociaciones con la seguridad, la conexión y la alegría. Pero reconfigurar el cerebro, al igual que reconfigurar cualquier ordenador, requiere tiempo, paciencia y un esfuerzo decidido.

Ahora, hablemos del miedo y de cómo se puede acabar con él. Imaginemos lo siguiente: tienes un hámster llamado Hammy. Un día, se te cae accidentalmente un libro con mucho ruido justo al lado de la jaula de Hammy, y él se asusta muchísimo. A partir de entonces, cada vez que ve un libro, siente miedo. ¡Ay! ¡Pobre Hammy! El libro se ha convertido en un estímulo neutro que Hammy ahora asocia con el miedo. Pero no te preocupes, no todo está perdido, y Hammy no tiene por qué ahogarse en su propia patología. Su cerebro se puede reprogramar para cambiar esta respuesta.

Para ayudar a Hammy, empiezas a mostrarle el libro desde lejos mientras le das sus golosinas favoritas, como pequeñas galletas para hámsters. Con el tiempo, empieza a darse cuenta de que el libro no da tanto miedo cuando viene acompañado de golosinas deliciosas. Poco a poco, acercas el libro cada vez más, sin dejar de darle golosinas. Al final, el miedo de Hammy al libro desaparece porque su cerebro se ha reconfigurado para asociar el libro con experiencias positivas en lugar de con el miedo. Este proceso se llama «extinción», y consiste en que el cerebro aprende a deshacerse de la conexión antigua y aterradora y a formar una nueva y positiva. El mismo proceso se aplica a la vergüenza de Sarah. Cada vez que Sarah se enfrenta a un antiguo disparador (como el reconocimiento público o mostrarse vulnerable con su pareja) y elige una respuesta nueva y positiva, está reprogramando su cerebro. Cuanto más lo hace, más se debilitan las viejas vías de la vergüenza y más se fortalecen las nuevas vías saludables.

Parece sencillo porque, en cierto modo, lo es. Tu cerebro puede reconfigurarse a sí mismo a través de experiencias repetidas, creando nuevas conexiones fuertes y debilitando las antiguas que no son útiles. Y, al igual que Hammy, podemos superar los miedos y cambiar nuestras reacciones creando nuevas asociaciones positivas. La meta de Sarah no es borrar su pasado ni fingir que nunca sucedió, sino enseñarle a su cerebro que está a salvo, que la vulnerabilidad puede conducir a la conexión y que la alegría es algo que se merece, no algo a lo que temer.

BÁJALE LA INTENSIDAD A LO QUE TE DA MIEDO

La vergüenza nos enseña que debemos escondernos. Que no merecemos los logros que obtenemos en la vida y que nunca debemos mostrar nuestra vulnerabilidad porque eso nos llevará al rechazo o, peor aún, al ridículo. Dado que la vulnerabilidad nos hace sentir tan expuestos, tan indefensos, tan susceptibles, aprender a expresarnos puede parecer una tarea increíblemente difícil. Para Sarah, el miedo a quedar expuesta –como un fraude, un fracaso o una mujer fácil– era aplastante. Sin embargo, para reprogramar su cerebro, no tuvo que lanzarse inmediatamente a una transparencia radical. Eso habría sido demasiado abrumador y desestabilizador para su sistema nervioso. Entonces, ¿cuál es la respuesta? *Bajarle la intensidad* a lo que te da miedo, reducirlo a su mínima expresión. Esto te resultará familiar porque ya lo vimos en el capítulo uno: reducir en la medida de lo posible una emoción para acostumbrarse a ella sin desestabilizar el sistema nervioso.

Paso 1) Identifica el miedo. Empieza por identificar algo que llevas tiempo escondiendo porque te da demasiado miedo mostrarlo. Puede ser compartir una emoción con alguien, revelar un secreto, hablar en público, pedir ayuda a un desconocido... Cualquier cosa que te haga sentir vergüenza, inseguridad o incluso entusiasmo, pero que no te atrevas a mostrar por miedo al juicio. En el caso de Sarah, descubrimos que lo que más la aterraba era que Ethan y sus hijos la vieran tal y como era. Temía que, si se mostraba tal y como de verdad era, la rechazaran. Por eso se esforzaba tanto en parecer perfecta. Por eso también guardaba secretos.

Paso 2) Bájale ***mucho*** la intensidad. Reduce la intensidad de eso que te da miedo. Mucho. Piensa en cómo sería una versión pequeña, casi mínima, de eso que quieres hacer. Por ejemplo:

> *Cuenta solo una pequeñísima parte.* Tal vez te asuste hablar con tu pareja sobre cómo te sientes en la relación. En vez de soltar *todo* de golpe, empieza expresando solo una cosa, como algo que hayas valorado de lo que hizo. Sarah empezó diciéndole a Ethan algo que siempre había agradecido pero que nunca le había contado. Con sus hijos, dejó de intentar ser la madre perfecta que todo lo sabe y empezó a pedirles ayuda en cosas pequeñas. Les dejó ver que se equivocaba y no corrió a arreglarlo enseguida.

Un pequeño gesto. Puede que te dé miedo mostrar afecto. Empieza con algo muy sencillo, como decirle algo bonito a un desconocido o compartir un recuerdo divertido con un amigo.

Una pregunta sencilla. Tal vez temas que, si haces una pregunta, los demás piensen que eres idiota, así que prefieres no decir nada. En lugar de lanzarte a preguntar algo en medio de una importante reunión de trabajo, intenta algo más fácil: entra en una tienda y pregúntale la hora a alguien.

Paso 3) Reflexiona y ajusta. Tras cada pequeño gesto de vulnerabilidad, detente un momento a pensar cómo te sentiste. ¿Fue tan difícil como imaginabas? ¿Cómo reaccionó la otra persona? ¿Cómo te sentiste tú después? Usa esas respuestas para ajustar el enfoque. Si fue demasiado intenso, busca una versión aún más suave. Si lo manejaste bien, tal vez puedas atreverte con algo un poco más arriesgado la próxima vez.

Después de dar cada pequeño paso, Sarah reflexionaba sobre cómo se sentía. ¿Había sido tan aterrador como imaginaba? ¿Ethan o los niños reaccionaron mal, como temía, o fueron comprensivos y agradecidos? Al reflexionar, comenzó a darse cuenta de que su miedo a la vulnerabilidad era a menudo exagerado. El mundo no se derrumbó cuando bajó un poco la guardia. Esta reflexión la ayudó a aprender que es seguro mostrarse, poco a poco. Conforme se sentía más cómoda, fue capaz de aumentar su vulnerabilidad, compartiendo más sus sentimientos, entablando conversaciones de mayor profundidad y permitiéndose estar emocionalmente presente en momentos que antes evitaba.

La vulnerabilidad no tiene por qué ser una cuestión de todo o nada. Al reducir lo que da miedo a pequeños pasos manejables, puedes acostumbrarte gradualmente a compartir tus emociones más profundas con tus seres queridos. Con el tiempo, lo que antes te daba miedo puede llegar a convertirse en una parte natural y gratificante de tus relaciones.

ESTRELLITAS DORADAS

Entender cómo funciona el condicionamiento del miedo y cómo se desarrolla el cerebro nos ayuda a ver por qué el trauma deja huellas tan profundas y por qué recuperar la alegría exige un esfuerzo consciente y lleno de compasión. Nos recuerda que sanar no consiste solo en superar el miedo, sino también en cuidar y volver a despertar esas partes de nosotros que aún pueden sentir alegría.

Lo negativo se nos queda grabado sin esfuerzo; desaprenderlo, en cambio, es algo que hay que hacer a propósito. Y paso a paso. No suena divertido, lo sé, pero te aseguro que lo es. Además, te voy a dar estrellitas doradas.

¡ESTRELLITAS DORADAS!

Fecha	Cosas que no quiero hacer	Acción que realicé de todos modos	Recompensa
24/5/25	Hacer ejercicio	Bailar durante 20 minutos en la cocina	Ver mi serie favorita

Paso 1) Compra unas pegatinas de estrellitas doradas o un rotulador dorado con el que puedas dibujarlas tú mismo. Aunque, seamos sinceros, mejor si consigues las pegatinas. Anda, ve. Yo te espero.

Paso 2) Identifica un estímulo negativo. Pero no te lances de cabeza a lo peor que se te ocurra, ¿vale? No hace falta empezar por el trauma más profundo. Elige algo que te resulte levemente desagradable. Puede ser una tarea que no te guste, un momento del día que te parezca aburrido o una situación que te incomode un poco (hacer esos estiramientos, doblar la ropa o comer esa verdura que odias pero es un superalimento, porque claro, tenía que serlo).

Paso 3) Elige un refuerzo positivo. Puede ser un pequeño premio, una actividad que te divierta o, simplemente, una estrellita dorada. Hammy tenía sus galletitas de hámster; tú elige algo que te guste y que te vas a regalar cada vez que enfrentes ese estímulo negativo del paso 2. La idea es asociar esa experiencia molesta con algo que te haga sentir bien. ¡Y sé específico! Algo como: «Cada vez que doble la ropa, voy a poner el temporizador y darme diez minutos para mirar TikTok». O: «Cada vez que tenga que hacer una presentación en el trabajo, me voy a comprar una chocolatina para comérmela justo después».

Paso 4) Lleva un registro de tus avances. Haz una tabla muy sencilla en una hoja de papel con cuatro columnas: una para la fecha, otra para el estímulo negativo, otra para la acción que realizaste y una más para la recompensa. Al final del mes, escribe una breve reflexión sobre cómo han cambiado tus sensaciones frente a ese estímulo. ¿Te sientes menos negativo o incluso más neutro/positivo respecto a él? Tal vez, por ejemplo, al comenzar el mes sentías una enorme angustia ante las presentaciones que sabías que tendrías en el trabajo. Y quizá al llegar al final del mes notes que la angustia ha disminuido notablemente o incluso que casi te apetece hacerlas, porque sabes que después te espera una recompensa... ¡y una estrellita dorada!

Puedes aplicar esto a lo que quieras: desde tareas cotidianas hasta asuntos emocionales mucho más grandes y complejos. Ya sé que suena simple e incluso un poco tonto, pero funciona.

EL CAMINO HACIA DELANTE DE SARAH

Probablemente te estés preguntando cómo acabó la historia de Sarah, qué pasó con la aventura. Los detalles concretos no importan demasiado, pero lo esencial es que terminó. Sarah se lo contó todo a Ethan. Él se quedó devastado. Pero fueron juntos a terapia para intentar entender lo que había sucedido. Durante un tiempo, Ethan se fue de casa, mientras los dos –con esfuerzo, con tiempo– iban desentrañando el pasado de Sarah, revisando uno por uno todos los ladrones de alegría que se habían cruzado en su vida. Cuando la rabia inicial de Ethan comenzó a ceder, pudo ofrecerle a Sarah algo que ella nunca había recibido de sus padres, y que tampoco sabía darse a sí misma: compasión. Comprensión. Ahora Sarah está aprendiendo a mirar su propia historia con más ternura, a creer que merece el amor y la alegría que ha buscado siempre. Está en camino de cerrar heridas antiguas, esas que la llevaron a esconderse y a sabotear su propia felicidad. Sabe que tiene que estar atenta a la vergüenza. De momento está bajo control, pero puede volver.

La vergüenza, cuando no se enfrenta, es la mayor ladrona de alegría: es la culpa llevada al extremo. Es como una banda entera de ladrones convertida en uno solo, enorme, que se burla de ti y te convence de que no mereces nada bueno. Si no se frena, la vergüenza acaba por destruirte. Pero no tiene por qué ser así. Podemos hacerla desaparecer si la sacamos a la luz, si dejamos de esconder nuestras heridas y vulnerabilidades, y si enseñamos a nuestro cerebro que, sin ninguna duda, merecemos sentir alegría.

Y por cierto, no importa cómo te llamaran en el instituto. *Nunca* fue verdad.

Epílogo

> En lo más crudo del invierno, aprendí por fin
> que había en mí un verano invencible.
>
> **–Albert Camus**

Chris me llama el otro día desde la playa. Ya casi se cumple un año. Sigue teniendo cáncer cerebral –nunca dejará de tenerlo–, pero hace poco tuvo una buena revisión. «Parece que vamos a tener un poco más de tiempo –me dice, y yo me estremezco de alivio–. Pero estoy harto de hablar del cáncer. Cuéntame de ti. ¿Cómo va el libro?».

Le digo que es un libro oscuro. Hace una pausa y me pregunta si esa era mi intención, si me propuse escribir un libro oscuro sobre la alegría. Lo pregunta con sinceridad, pero yo me echo a reír. Le digo que quería escribir un libro sobre la alegría real, no sobre una alegría de mentira. Quería escribir para quienes hemos sido golpeados por la vida tantas veces que ya no creemos en la alegría, que sentimos que es un lujo que no podemos permitirnos o algo que no merecemos por los errores que hemos cometido. Quería mostrarles la luz que he encontrado en la oscuridad, la alegría que hay en la tristeza.

Sé por experiencia propia, y lo he visto en mucha gente, que a veces evitamos la alegría a propósito. La evitamos porque esa parte nuestra que siempre está en alerta cree que bajar la guardia es peligroso, y la alegría justo hace eso: te relaja. La evitamos porque estamos intentando anestesiar la tristeza o la ansiedad, y sin querer nos llevamos la alegría por delante. La evitamos porque tenemos un miedo atroz a perderla, porque ya sabemos lo que es perder algo valioso y lo rápido que puede pasar. La evitamos porque nos han enseñado a tenerle miedo. Y también porque nos hace sentir culpables. ¿Cómo vamos a permitirnos sentir esta emoción tonta y ligera cuando hay tantas cosas que andan mal, tanto dentro de nosotros como en el mundo que nos rodea?

La historia que suelo contar es que llegué a estas experiencias y a estas preguntas sobre la alegría a raíz de una pérdida. Mis padres murieron los dos de forma repentina, antes de que yo cumpliera veinticinco. Es una historia sencilla, y es verdad. Pasó, y me destrozó la vida. Pero no es toda la verdad. Hay una razón mucho más profunda y personal por la que escribí este libro y por la que me embarqué en este camino. Para explicar eso, tengo que volver al principio. Es decir, tengo que empezar por mi madre. Murió hace dieciséis años, y aún hay noches en las que me despierto con su cadáver encima de mí y sus manos huesudas apretándome el cuello. Cuando se fue, se desangró sobre mí y dejó su cuerpo atormentado pegado al mío. «Termina este trabajo –susurró con voz ronca–. Yo no pude».

Mi madre era el sol. Orbitábamos a su alrededor: un marido, seis hijos. Cada uno su propio planeta aislado, lanzado por el espacio y el tiempo por la fuerza de su gravedad. Era cálida y amorosa, y hacía que todo fuera posible, pero si volabas demasiado cerca, si te salías de la órbita que te había sido asignada, te quemaba.

No. Mi madre era todo el sistema solar. Era el sol y los planetas. El hidrógeno, el helio, la roca, el metal. Era la fuerza que empujaba y el colapso que dio inicio al tiempo. Las lunas y los mares marcaban sus relojes según su estado de ánimo: solo cabía reaccionar a ella, no existía nada comprensible fuera de ella.

No. Mi madre era una estrella oscura. Un cuerpo cuya existencia solo se explica por la oscuridad que lo rodea: su presencia se adivina porque eclipsa la luz de otras estrellas. Su gravedad era tan poderosa que podía tragarse la luz. Era una estrella alimentada –sostenida– por la aniquilación.

No. Mi madre era una supernova. Era una estrella enorme que se estaba muriendo. Quemaba combustible nuclear en su interior y, durante toda su existencia, estuvo atrapada entre dos fuerzas opuestas: la gravedad y la presión.

Las estrellas son objetos imposibles. Luz que estalla en la oscuridad. Las estrellas existen gracias a fuerzas externas a ellas mismas. Las estrellas se crean a partir de la tensión, de la contradicción. Las estrellas queman combustible nuclear en su interior, lo que genera presión. Esa presión es lo que impide que la estrella colapse. Empuja contra la gravedad y, a cambio, la gravedad la comprime. Cuando la estrella se queda sin combustible, la presión que empuja hacia fuera disminuye y la gravedad gana. El colapso ocurre tan rápido y con tal intensidad que crea ondas de choque que se desplazan desde el núcleo de la estrella y provocan la explosión de la parte exterior.

Cuando una estrella masiva alcanza el punto más caótico de su muerte (sí, este momento se puede medir), crea una supernova, que es una explosión que dispersa elementos pesados como el oro y la plata por todo el universo.

Si una estrella es lo suficientemente grande, al explotar deja tras de sí un agujero negro. Un punto denso donde la gravedad es tan intensa que nada puede escapar: ni la luz, ni los átomos, ni el sonido. Así fue como me sentí cuando perdí a mi madre. Como si el universo se hubiera vuelto denso y oscuro. Como si todo quedara atrapado. Su muerte detuvo nuestra órbita. Nos absorbió su gravedad.

Mi madre era una supernova y, cuando murió, esparció metales pesados por todo mi universo. Oro, plata, plomo. Puede parecer esperanzador, pero es más complicado que eso. Los metales pesados no se pueden crear ni destruir. Son generativos. Fundamentales. Son los componentes de la corteza terrestre. Pero cuando no están donde deben estar, también son tóxicos y destructivos. Mi trabajo consiste en encontrarlos y clasificarlos. ¿Qué pasa si no lo hago? La toxicidad ganará. Y también la gravedad. Mi pequeña estrella explotará.

–Termina este trabajo –dijo con un hilo de voz–. Yo no pude.

–¿Qué trabajo?

Las personas que mueren nos dejan preguntas sin respuesta. De eso no se habla. Y es curioso que algo como una pregunta pueda perseguirte.

Mi madre murió hace dieciséis años, y fue mientras escribía este libro cuando me di cuenta de que el trabajo al que se refería tenía que ver con los ladrones de alegría. En parte, porque el duelo fue confuso y asfixiante, me dejó sin aliento y perdida en su ausencia. Y en parte porque lo que dejó atrás fue un lío multigeneracional: un sistema de raíces enredadas que solo absorben del suelo oscuridad, miedo, violencia y adicción, y se lo inyectan directamente al árbol familiar. Son raíces que se retuercen y desgarran, y el fruto que damos está tan empapado en alcohol que salpica al caer, podrido y dulce.

Me atragantaba con un duelo turbio, no solo por su muerte, sino porque la razón de su muerte hizo añicos todo lo que yo había creído sólido. Mi madre –esa fuerza terrible que había puesto en marcha el universo– no pudo seguir viviendo sin mi padre. Podrá parecer algo sin importancia, pero destruyó por completo mi mundo. Lo hizo girar en sentido contrario. Cambió por dentro la forma en que entendía la vida. Yo le había tenido miedo desde que nací, y resultó que ella no era algo a lo que temer: ella era el miedo. Cuando murió mi padre, su fachada se desmoronó. No supo vivir sin él. No vivió sin él. Y nosotros todavía la necesitábamos. Yo tenía veinticinco años.

El duelo no es solo tristeza. También implica entender qué significa una pérdida: delinear sus límites, descubrir qué representa, darte cuenta de qué parte de tu mundo dejó de tener sentido. La muerte de mi madre y todo lo que la rodeó me mostró que ella no era el gran Oz, sino el truco detrás del telón. Había construido toda mi vida girando en torno a algo que, de pronto, resultó ser puro artificio. Nada encajaba. Y cuando ella murió, me quedé a la deriva, completamente expuesta.

Un año después, le contaba a mi terapeuta que los fines de semana me resultaban insoportables. Los viernes parecían el inicio de una caída libre, dos días en los que me hundía y de los que no sabía si iba a salir. Casi sin pensarlo, me reí y le mencioné cuántos sábados arruinaba mi madre entrando en mi cuarto y destrozándolo todo. «¿Cómo dices? –preguntó–. Espera. Eso no tiene ninguna gracia».

Aunque suene raro, tenía algo de gracioso. Era como si mi madre estuviera imitando a Tommy Lee* destrozando una habitación del Hotel Chateau Marmont. Sacaba

* N. del T.: Tommy Lee, baterista de Mötley Crüe, famoso por sus excesos.

toda la ropa del armario, volcaba las estanterías, rompía las cosas que yo más quería, cosas que mi padre me había regalado o incluso había hecho con sus propias manos. En cuanto empezaba el huracán, yo ya estaba recogiendo detrás de ella. Revisaba con cuidado mis cosas mientras ella seguía destrozándolo todo, intentando salvar lo que aún no se había roto, recolocando los libros y poniéndolos de nuevo en su sitio, en silencio. Debía de ser eso. Seguro que los había puesto mal en la estantería. Si esta vez lo hacía bien, no volvería a pasar. Me gustaba ordenarlos por colores. Mejor lo intento por orden alfabético.

Antes de irse, me decía a la cara: «No voy a dejar que una mierda como tú me hunda». No sabía muy bien cómo una niña podría hundir a una mujer adulta, pero parecía bastante grave.

A veces, cuando estoy con los hijos de mis amigos, su inocencia y sus mejillas sonrosadas me golpean como un puñetazo en el estómago y me dejan sin aliento. Sé que todos los padres pierden los nervios de vez en cuando, pero tratar a un niño como me trataban a mí con tanta frecuencia me parece inconcebible.

Hay una foto mía de cuando tenía nueve años, en el Día de Acción de Gracias. Estamos posando para la foto familiar anual y yo parezco congelada, atormentada, como si me tuviera secuestrada Al Qaeda y estuviera intentando desesperadamente transmitir un mensaje con la mirada mientras mantengo una especie de sonrisa en la cara. Parezco tan aturdida como un pájaro que se ha estrellado contra una ventana. ¿He mencionado que tenía nueve años?

Justo antes de hacer la foto, mi madre me había arrastrado por el brazo a un rincón escondido del vestíbulo para alisarme el pelo rebelde. Me habían dicho que eligiera mi propia ropa esa mañana, y me puse mi conjunto favorito: unas mallas moradas y una camiseta del mismo color, con un chaleco y una corbata falsos cosidos encima, lo que le daba al conjunto un aire de esmoquin morado al estilo Prince de los años noventa, algo desaliñado. Perfecto. Me recogí el pelo en una coleta, que adorné con un lazo morado a juego. Justo antes de llevarme de vuelta al salón, mi madre se agachó hasta ponerse a la altura de mi cara pálida, a unos centímetros de mí, y me espetó: «¿Por qué siempre tienes un aspecto tan horrible?». Cada palabra era una frase completa impulsada por el desprecio. Cada palabra me hería las mejillas como una bala minúscula.

Mi terapeuta tiene razón. Supongo que *no* tiene gracia.

El caso es que una parte de mí seguía allí, en el vestíbulo con mi madre, tratando de averiguar qué responder a la pregunta: «¿Por qué siempre tienes un aspecto tan horrible?». No sabía por qué. Sabía lo suficiente como para no responder y que la pregunta era retórica (aunque dudo que conociera aún esa palabra). No sabía qué hacía que alguien tuviera un aspecto horrible o que estuviera arreglado, elegante y con estilo, como siempre estaba mi madre. ¿Cómo iba a saberlo? ¿Se suponía que debías elegir las cosas que te gustaban? ¿O se trataba más bien de cómo te hacían sentir? Me gustaban los colores vivos, los tejidos suaves y los conjuntos que me traían buenos recuerdos. Así que eso era lo que elegía. Aquella mañana, por alguna razón, elegí mal. Llevé ese conjunto el día de mi cumpleaños ese año, y entonces no estaba mal. Solo había pasado un mes; ¿por qué se había estropeado todo tan rápido? No lo sabía. Sabía lo suficiente como para no preguntar. Preguntarle cualquier cosa a mi madre era buscar problemas.

—¿Qué hacías después? —me preguntó mi terapeuta.

—¿A qué te refieres?

—¿Qué pasaba cuando terminaban esos enfados? ¿Alguien te consolaba?

Noté que mi terapeuta estaba atónita. Lo que le estaba contando no encajaba con la imagen que tenía de mí como una adulta inmadura. No solo me estaba preguntando qué hacía en esos momentos, sino cómo había salido de ello. Cómo había acabado allí, en su consulta, tal y como estaba: alegre, productiva, optimista, llena de esperanza y ambición, con un montón de miedo, pero muy poca ira. Sin rastro alguno de rabia latente. Me sentí orgullosa de su incredulidad. «No acabé como ella. Uf».

Ojalá toda la historia fuera que mi padre me salvó de mi madre. Y, en muchos sentidos, lo hizo. El día que nací, extendió los brazos y sostuvo el cielo como una tienda de campaña, asegurándose de que siempre hubiera un espacio donde estuviera protegida de su fuerza gravitatoria.

Sin embargo, el resto de la historia es que yo me salvé a mí misma. Con alegría. Una alegría tenaz y férrea que encontré tras el colapso de mi madre. Y esa alegría imposible ha sido lo que me ha salvado cada vez que me he sumido en la oscuridad asfixiante. Tenía que escribir este libro porque me salvé de mi casa y de mi madre atesorando alegría y esperanza como si fueran caramelos. Escondí la alegría bajo las tablas del suelo de mi dormitorio. Me dediqué en cuerpo y alma a los estudios, busqué la independencia y guardé secretos. Acumulé experiencias y relaciones, y encontré fuerza en mis conexiones con otras personas, personas que me mostraron que la vida era más que miedo y caos. Y sigo practicando. Sigo dando tumbos, cometiendo errores y perdiendo la fe en la alegría y la esperanza, y luego riéndome cuando vuelven a encontrarme, aquí mismo, en la oscuridad. Pero mucho más importante que la historia de cómo me salvé a mí misma es lo que aprendí mientras lo hacía, y quiero compartirlo contigo para que tú también puedas salvarte.

Lo que aprendí al escribir este libro fue la respuesta a la pregunta: «¿Qué trabajo?». El trabajo que mi madre no pudo terminar era este: controlar el miedo, o *te convertirás en él*.

Por esto me resulta tan difícil escribir sobre mi madre: si no la conociste, estas historias la hacen parecer un monstruo. Ella no era un monstruo. Estaba aterrorizada. Traumatizada. Siempre alerta. Estaba llena de miedo y lo hacía lo mejor que podía, que era infinitamente más de lo que había recibido. Había seis partes de ella caminando fuera de ella y en peligro. En peligro por sus propios errores. En peligro de toparse con el mundo y ser arrolladas. En peligro de absorber todo lo que había en las raíces de nuestro árbol genealógico: oscuridad, miedo, violencia, adicción. En peligro de partirle el corazón. Un miedo así se cuela por las rendijas de la puerta principal y llena la casa como gas mostaza.

Un miedo así lo devora todo. Ella no podía controlar su miedo, y este se convirtió en una rabia latente que no siempre podía controlar. El miedo la tenía agarrada por el cuello y ella estaba agotada, así que se convirtió en él. Los ladrones ganaron.

Una de las últimas conversaciones que tuve con ella fue una discusión. Como puedes imaginar, era una persona con la que era mejor no pelearte si podías evitarlo. Era un viernes por la tarde; yo había vuelto a casa en coche desde Nueva York después del trabajo y ese día le habían diagnosticado oficialmente cáncer de colon metastásico. Estaba en el hígado, lo que significaba que estaba por todas partes. Llevaba medio año muy enferma, pero se había negado a ir al médico. Pensaba que era el dolor lo que le hacía perder tanto peso tan rápido, hasta el punto de que la piel se le desprendía del cuerpo y colgaba como el reloj de un cuadro de Dalí. Yo no sabía que ese día le darían el diagnóstico, así que me quedé en *shock* durante un momento y luego empecé a llorar. Y ella se enfureció.

—¿Cómo te atreves? —me espetó desde el otro lado de la cocina, señalándome—. Esto me está pasando a *mí*, no a *ti*.

Con cada palabra, parecía crecer tres metros. Yo tenía veinticinco años, luego catorce, luego seis, luego tres. Mi padre acababa de morir. Mi madre se estaba muriendo. *Y seguía gritándome*.

–¡También me está pasando a mí! –le grité.

Salí de la habitación, subí las escaleras y me senté en el rellano a llorar lo más silenciosamente que pude, preguntándome si *yo* era el monstruo. Lo recuerdo como si hubiera sido hace siete segundos. Nadie me siguió. Me quedé mirando por la ventana del rellano. El sol de invierno partía la calle por la mitad. Los árboles eran preciosos. Me encantaba esa casa y ese pueblecito. Llorar me hizo sentir mejor. Alivio. Respiré hondo.

Han pasado dieciséis años y por fin entiendo lo que realmente quería decir: «Los ladrones están ganando. Llevo toda la vida luchando contra ellos. Por favor, ayúdame». Si lo hubiera entendido entonces, quizá podría haberla salvado. No del cáncer, pero sí de los ladrones de alegría.

Lo siento mucho, mamá.

Tal vez me dejó este trabajo porque pensaba que yo podría terminarlo. Porque sabía que yo le había ocultado la alegría como si fuera un caramelo robado. Porque quería que yo te enseñara a ti también.

Así que adelante. Salgamos de esta cueva y caminemos hacia el atardecer.

¿No ves cómo brilla, incluso aquí, en la penumbra?

Agradecimientos

Siempre pensé que la sección de agradecimientos era ese espacio en el que los escritores pueden dar las gracias y saldar deudas. «Gracias por apoyarme, y aquí va tu nombre con este guiño interno como compensación por el hecho de que este libro haya estado siempre entre nosotros desde hace tres años... y ni siquiera ha salido aún. ¡Salud!». Y sí, eso es verdad, pero solo en parte, porque agradecer también significa reconocer, admitir lo que uno *sabe*. Y esto es algo que yo sé: este proyecto no habría sido posible ni remotamente sin las personas que menciono aquí.

Laura Yorke, después del último *embrollo lento y desesperante* que fue nuestra aventura anterior en este loco y maravilloso mundo de la edición, yo ya estaba a punto de tirar la toalla. Gracias por animarme y seguir a mi lado a pesar de mi inagotable pesimismo.

Gracias a la Old Dominion University por acabar, de forma sistemática, con casi todo el amor que alguna vez sentí por el mundo académico y con la poca fe que me quedaba en la justicia. De esas ruinas nace esta luz. Y gracias al College of the Holy Cross y a mis fabulosos estudiantes de los cursos de verano por devolverme ese amor una vez más. Estoy deseando ver en quiénes se convierten.

Gracias a mis clientes, que acuden una y otra vez mostrándome las partes más vulnerables y delicadas de sus vidas y confían en mí para sostenerlas. Son personas lúcidas, decididas y valientes, y me siento muy orgullosa de cada uno.

Gracias a todo el equipo de Hachette que ha participado en este proyecto: Andrew Goldberg, Cisca Schreefel, Nzinga Temu, Nana Twumasi, Brynn Warriner, Sarahmay Wilkinson, Laura Gonzales y Nan Rittenhouse. Ha sido un verdadero placer trabajar con vosotros. ¿Repetimos pronto?

A mis amigas y amigos: a veces camino por la vida en un estado de profundo asombro, sin poder creer que estemos vivos al mismo tiempo, y agradecida de que me hayan elegido como parte de su gente. Jen, nuestras «listas de cosas alegres» del instituto fueron clave en mi camino, y que sigamos siendo amigas desde segundo de primaria es uno de mis logros favoritos. Treinta y cinco años después, sigo teniendo envidia de tu bañador de Coca-Cola. Jess T. Hill, eres una fuente inagotable de alegría, y el árbol de la confianza sigue siendo uno de mis lugares preferidos del planeta. Evan, hay un sitio por ahí..., tú ya sabes, nos vemos allí. Megan, tu entusiasmo ha sido un salvavidas en un mar inmenso y aterrador. Tracy, eres pura magia, y me siento afortunada de haberte conocido. Steph, eres como una linterna humana incansable, y dudo que sepas cuánta luz das. Jeanelle, tu alma artística me reconcilia con el mundo. Y además, tienes la risa más contagiosa del mundo. Chris, mi vida cambió por completo cuando apareciste. Hay una playa infinita en algún lugar, y siempre estaremos caminando por ella con Bindi, hablando de lo más profundo y riéndonos después de cualquier tontería. Lisa, gracias por ser mi primera lectora y la primera persona a la que llamo por teléfono. Esta vez vamos a celebrarlo, cueste lo que cueste. Y Mark, no eres mi amigo (y sí, defenderé eso hasta el final), pero eres la persona más auténticamente rebelde que conozco. Admiro tu manera de vivir. Además, eres al menos seiscientas veces más interesante que yo, pero parece que no te das cuenta, y ojalá sigas así.

Notas

Capítulo 1

1. Robert A. Emmons y Michael E. McCullough, Counting Blessings Versus Burdens: An Experimental Investigation of Gratitude and Subjective Well-Being in Daily Life, *Journal of Personality and Social Psychology 84*, n.º 2 (febrero de 2003): 377-389.
2. Katelyn N. G. Long, Eric S. Kim, Ying Chen, Matthew F. Wilson, Everett L. Worthington Jr. y Tyler J. VanderWeele, The Role of Hope in Subsequent Health and Well-Being for Older Adults: An Outcome-Wide Longitudinal Approach, *Global Epidemiology 2* (2020).

Capítulo 2

1. Dacher Keltner, *Awe: The New Science of Everyday Wonder and How It Can Transform Your Life* (Nueva York: Penguin, 2023).
2. Keltner, *Awe*.
3. Homeboy Industries Thought for the Day April 26, 2021: Robert –Behold, Stand in Awe and Be Amazed, Homeboy Industries, 28 de abril de 2021, vídeo de YouTube, www.youtube.com/watch ?v=elAZTVQm2so.

Capítulo 3

1. Albert Camus, *The Myth of Sisyphus* (Nueva York: Vintage Books, 2018).
2. Nina Bull, *The Attitude Theory of Emotion* (Nueva York: Johnson Reprint, 1968).

Capítulo 5

1. David J. Morris, *The Evil Hours: A Biography of Post-Traumatic Stress Disorder* (Boston: Houghton Mifflin Harcourt, 2015).

Capítulo 6

1. Marcel Proust, *In Search of Lost Time*, traducido por C. K. Scott Moncrieff y Terence Kilmartin, rev. D. J. Enright, vol. 1, *Swann's Way* (Nueva York: Random House, 1992), 60-62.
2. Virginia Woolf, *To the Lighthouse* (Nueva York: Harcourt, Brace, 1927), 99-100.

Capítulo 7

1. Ralph Waldo Emerson, *Ralph Waldo Emerson: Essays and Lectures*, ed. Joel Porte (Nueva York: Library of America, 1983), 472.

Índice temático

B

C

D

E

F

G

H

I

J

L

M

N

O

P

R

S

Sobre la autora

La doctora MaryCatherine McDonald es investigadora especializada en trauma, escritora y docente, y lleva casi dos décadas ayudando a sus clientes y seguidores a replantearse su forma de entender el duelo, la resiliencia y la alegría. Con un doctorado en Filosofía de la Psicología y una habilidad especial para traducir conceptos neurobiológicos complejos en herramientas prácticas, ha hecho de su trabajo una misión: ayudar a otros a encontrar luz en los momentos más oscuros.

La doctora McDonald ha escrito cuatro libros, además de un buen puñado de artículos académicos que nadie lee, ha impartido montones de talleres y ha creado una comunidad en línea donde la gente se entusiasma hablando de trauma y alegría y, de vez en cuando, suelta alguna referencia pop sorprendentemente lúcida. Está convencida de que la alegría no vive en momentos perfectos sacados de Pinterest, sino que suele colarse en lo cotidiano, en cosas pequeñas y algo caóticas, como el placer silencioso de perderse a escondidas en una librería o la emoción desbordante de juntarse con su grupo de cine para ver algún clásico cargado de nostalgia.

Cuando no está investigando sobre estrés y trauma o enseñando a otros cómo reconfigurar su cerebro, lo más probable es que esté bailando en la cocina, horneando galletas o tratando de adoptar al perro de algún desconocido en plena ruta de senderismo.